HYMN POLSKI – *Mazurek Dąb[rowskiego]*

Józef Wybicki

Jeszcze Polska nie zginęła,
Kiedy my żyjemy.
Co nam obca przemoc wzięła,
Szablą odbierzemy.

    Marsz, marsz, Dąbrowski,
    Z ziemi włoskiej do Polski.
    Za twoim przewodem
    Złączym się z narodem.

Przejdziem Wisłę, przejdziem Wartę,
Będziem Polakami.
Dał nam przykład **Bonaparte**,
Jak zwyciężać mamy.

    Marsz, marsz, Dąbrowski,
    Z ziemi włoskiej do Polski.
    Za twoim przewodem
    Złączym się z narodem.

Jak **Czarniecki** do Poznania
Po szwedzkim *zaborze*
Dla ojczyzny ratowania
Wrócim się przez morze.

    Marsz, marsz, Dąbrowski,
    Z ziemi włoskiej do Polski.
    Za twoim przewodem
    Złączym się z narodem.

Mówi ojciec do swej Basi
Cały zapłakany –
Słuchaj jeno, pono nasi
Biją w *tarabany*.

    Marsz, marsz, Dąbrowski,
    Z ziemi włoskiej do Polski.
    Za twoim przewodem
    Złączym się z narodem.

---

mazur, mazurek – polski taniec narodowy wywodzący się z tańca ludowego powstałego na Mazowszu.

Jan Henryk Dąbrowski – generał wsławiony na przełomie XVIII i XIX wieku udziałem w walkach o niepodległość Polski. We Włoszech stworzył Legiony Polskie walczące u boku Napoleona.

Napoleon Bonaparte – cesarz Francuzów, wybitny wódz; prowadził wiele zwycięskich wojen z państwami Europy, m.in. z wrogami Polski; Polacy wierzyli, że przyczyni się on do odzyskania niepodległości Polski.

Stefan Czarniecki – hetman, organizator walk ze Szwedami w XVII wieku.

szwedzki zabór – w drugiej połowie XVII wieku Szwedzi zajęli Polskę; Polacy pod wodzą Czarnieckiego wyparli ich z ojczyzny po 5 latach wojny.

taraban – podłużny bęben, używany dawniej głównie w wojsku

Fotografia na okładkę:
Włodzimierz Łapiński

Rysunki:
Ewa Sterniuk

Opracowanie graficzne okładki:
Konrad Truszkowski

Opracowanie graficzne podręcznika:
Mirosława Roszkowska
Konrad Truszkowski
Marzena Grabiec

Konsultacje międzyszkolne trzeciego wydania:
Polskie szkoły w Chicago i Nowym Jorku

Korekta trzeciego wydania:
Marta Machnica

Autorzy fotografii:
Teresa Berdychowska-Kowollik, Joanna Czapla, Marzena Grabiec, Andrzej Kulka, Włodzimierz Łapiński, Alicja Nawara, Danuta Miodońska, Małgorzata Pawlusiewicz, Renata Rudnicki, Bogdan Świątek, Ewa Skrzyniarz, Barbara Tyc-Stachowska, Marcin Tymiński, Maria Wojnar, Alicja Zdankiewicz
Wydawnictwo dziękuje też wszystkim innym, którzy udostępnili swoje prace kolekcjonerskie w trosce o wierne przekazanie materiału poglądowego.

Wydawnictwo dziękuje za współpracę:
Ministerstwu Kultury i Dziedzictwa Narodowego w Warszawie
Muzeum Etnograficznemu i Muzeum Archeologicznemu w Krakowie
Muzeum Katedry Wawelskiej
Muzeum Narodowemu we Wrocławiu
za przekazanie cennych wskazówek, informacji i fotografii dla potrzeb wydania naszego podręcznika.
Dziękuje także autorom za zgodę na umieszczenie fragmentów lub całości swych utworów literackich w podręczniku klasy szóstej.

ISBN: 978-1-94319515-2
Wydanie 2017

All rights reserved – no part of this book may be reproduced in any form without written permission from Wisdom Publishers Corporation except in the case of brief quotations embodied in critical articles and reviews.

Wisdom Publishers Corporation
e-mail: mpawlusiewicz@sbcglobal.net
www.podreczniki.net

© *Copyright by Wisdom Publishers Corporation*

Podręczniki autorstwa Małgorzaty Pawlusiewicz opracowane są na podstawie programu nauczania języka polskiego poza granicami Polski, zatwierdzonego przez Komisję Oświatową Kongresu Polonii Amerykańskiej.

CZYTANKA DLA KLASY VI SZKÓŁ POLONIJNYCH

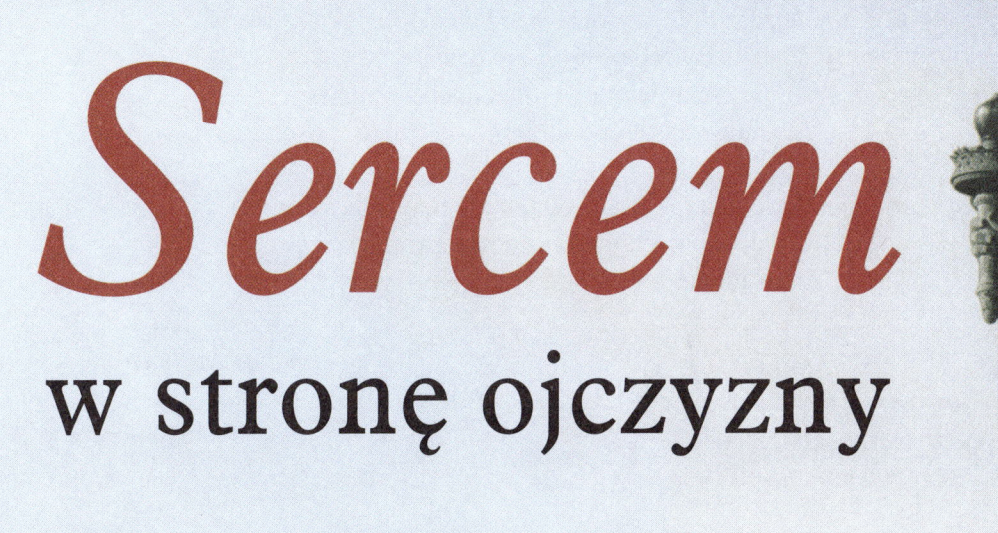

Sercem
w stronę ojczyzny

Małgorzata Pawlusiewicz

ROZDZIAŁ I — SKARBY POLSKIEJ MOWY

Jesteś już w klasie szóstej! Staraj się być dobrym i odpowiedzialnym uczniem! A...

"Jeśli nie możesz być sosną na szczycie pagórka,
Bądź krzakiem w wąwozie – jednak bądź
Najmilszym, miłym krzaczkiem po tej stronie strugi,
Bądź krzaczkiem, skoro nie możesz być drzewem.

Jeśli nie możesz być krzewem, bądź choć skrawkiem trawy,
By milszą uczynić drogę;
Jeśli nie szczupakiem, bądź chociaż okoniem,
Ale najweselszym okoniem w jeziorze (...)

Jeśli nie możesz być drogą, bądź małą ścieżyną,
Jeśli nie słońcem, bądź chociaż gwiazdeczką;
(...) Bądź najlepszym, czym potrafisz być!"

Douglas Malloch

wąwóz – głęboki rów, zagłębienie terenu
struga – potok, rzeczka
skrawek – cząstka, kawałek
szczupak – ryba szlachetna, rzadziej spotykana niż okoń

Przepis na udany rok szkolny dla klasy szóstej

1. Weź z roku kalendarzowego dziewięć miesięcy.
2. Wymyj je dokładnie pod bieżącą wodą z lenistwa, odwlekania, odpisywania, z lęku przed testem czy dyktandem.
3. Dodaj dużo wiary w siebie i optymizmu.
4. Wymieszaj to wszystko z zapachem polskich maków, chabrów i kłosów żyta.
5. Weź dwie szczypty humoru, uprzejmości, taktu i tolerancji. Wymieszaj.
6. Polej rozpuszczoną czekoladą *Wedla* lub *Wawelu*.
7. Podawaj na zimno lub gorąco z filiżanką jaśminowej herbaty.

W TRZECIM TYSIĄCLECIU

Papież Jan Paweł II otwiera symboliczne drzwi trzeciego tysiąclecia

Weszliśmy w trzecie tysiąclecie!

Minione, drugie tysiąclecie było brzemienne w wielkie wydarzenia.

1. Powstały nowe państwa i mocarstwa. Niektóre z nich już się rozpadły.
2. Udowodniono, że Ziemia jest ogromną kulą krążącą wokół Słońca.
3. Odkryto Amerykę, Australię, Antarktydę. Poznano obyczaje wielu ludów.
4. Odkryto nowe technologie; powstały statki parowe, pociągi, samochody, samoloty, okręty o napędzie atomowym. Skonstruowano pierwsze komputery, mikroprocesory i wiele innych rzeczy dla człowieka, ale i przeciw człowiekowi *(np. broń atomową)*.

❏ Telewizja, Internet kształci, ale i zabija nasz wolny czas, który moglibyśmy spożytkować w inny, może ciekawszy sposób.

❏ Żyjemy szybko i uczymy się szybko, bo tyle wokół nas nowości.
   Nie zawsze jesteśmy w stanie objąć ten ogrom informacji, a należałoby się czasem zatrzymać, zadumać nad tym, co było, o czym opowiada nam babcia, dziadzio czy pani w szkole.
   Podręcznik języka polskiego do klasy szóstej da Wam możliwość częstego zatrzymywania się **w czasie, snucia refleksji, zastanowienia się, dokonywania porównań i wyciągania wniosków.**

Przejrzyjcie teraz jego rozdziały i zapoznajcie się z treścią!

Zastanów się i odpowiedz!

1. Czym jest dla ciebie wiedza, którą zdobywasz w szkole?
2. Ilu języków się uczysz?
3. Czym jest praktyka, a więc ćwiczenia ortograficzno-gramatyczne, rozmowy, dyskusje, w nauce języków obcych?
4. Do czego przyda ci się znajomość kilku języków?
5. Przeanalizuj przepis na udany rok szkolny i wyszukaj cechy ucznia, które mogą mu przeszkadzać, i te, które pomogą mu przejść bez problemów przez rok szkolny.
6. Czy masz w sobie wystarczającą ilość wiary w siebie i samozaparcia, by rozpocząć ten rok szkolny z nadzieją na osiągnięcie zadowalających wyników?
7. Przeczytaj dokładnie fragment wiersza Douglasa Mallocha *(str. 4)* i wytłumacz, czego oczekuje od ciebie autorka podręcznika, która dedykowała ci ten wiersz.

Szersze spojrzenie na temat

■ Polska szkoła może być fajna!

Szkoła to nie tylko nauka, prace pisemne, dyktanda i testy. To także wspaniali koledzy, koleżanki, pierwsze przyjaźnie, pierwsze miłości i nasz wspólny cel: poznanie pięknego języka, polskiej i europejskiej kultury, obyczajów, bogatej historii Polski.
Ta szkoła może być *kolorowym, ekspresowym pociągiem*, który jeśli zechcesz, zawiezie cię daleko i wysoko, skąd jaśniej będziesz widzieć swoją przyszłość.

■ Polska szkoła pomoże ci rozwiązać problemy.

Pamiętaj, że wielu osobom zależy na tobie i chcą, żeby pobyt w szkole był dla ciebie przyjemnością. Jeśli masz jakiś problem, powierz go swojemu wychowawcy. On ci pomoże! Próbuj być miły dla wszystkich, nawet dla tych, którzy nie są twoimi przyjaciółmi. Kiedy szuka się w ludziach tego, co dobre, pomaga się im być lepszymi. Ze swoim nauczycielem bądź szczery i prawdomówny. Przyznaj się, jeśli nie jesteś do lekcji przygotowany. On da ci szansę nadrobienia braków. Nie szukaj kłopotów! Nie odpisuj i nie dawaj odpisywać innym! Takie postępowanie to oszustwo. Każdy musi wykonać swoje zadanie samodzielnie po to, by się nauczyć.

■ Nauka po polsku i o Polsce może być ciekawa!

Twój umysł jest jak gąbka. "Wchłaniaj" wszystkie informacje, ucz się nowych słów i zwrotów po to, by twój język się doskonalił zarówno w wypowiedziach ustnych, jak i pisemnych. Uczenie się języków może być naprawdę przyjemne, jeśli twój umysł jest szeroko otwarty. A ty masz przecież jeszcze jeden, ważny powód do nauki:
Uczysz się języka i kultury swoich przodków. Powinieneś być z tego dumny!

Niezapomniana lekcja

według opow. Chicka Moormana

"*Gdyby wszystko w życiu było łatwe – jaki byłby cel życia?*"

Klasa Donny nie różniła się specjalnie od innych, które widywałem wcześniej – uczniowie siedzieli w pięciu rzędach po sześć ławek każdy, stolik nauczyciela stał z przodu, zwrócony w stronę uczniów, a na gazetce wisiały ich prace. Klasa była więc typowa i tradycyjna, a jednak wyczułem pewną różnicę, wchodząc tam po raz pierwszy. Coś jakby ożywienie, wewnętrzne poruszenie...

Zająłem więc wolne miejsce z tyłu klasy i przyglądałem się. Wszyscy uczniowie **pochłonięci** byli jakimś zadaniem, każdy skrobał coś dzielnie na swojej kartce papieru. Dwunastolatka obok zapisywała stronę zdaniami rozpoczynającymi się od "nie potrafię".

"*Nie potrafię kopnąć piłki futbolowej, aż za drugą bazę*".
"*Nie potrafię wykonać dzielenia na liczbach, które mają więcej niż trzy cyfry*".
"*Nie potrafię przekonać siebie do Debbie*".

Zapełniła już pół strony i nic nie wskazywało, by miała zamiar na tym poprzestać. Pracowała z uporem i zawziętością.

Przeszedłem się po klasie, zerkając na kartki pozostałych uczniów. Wszyscy opisywali rzeczy, których nie potrafili zrobić.

"*Nie potrafię zrobić dziesięciu pompek*".
"*Nie potrafię wyrzucić piłki baseballowej przez parkan na lewym skrzydle*".
"*Nie potrafię zjeść tylko jednego ciasteczka*".

Ćwiczenie wzbudziło we mnie tak ogromną ciekawość, że postanowiłem niezwłocznie zapytać Donnę, o co tu właściwie chodzi.

Podszedłem do niej, lecz... ona także zajęta była pisaniem. Pomyślałem, że lepiej będzie jej nie przeszkadzać....

"*Nie potrafię zmusić matki Johna, by przyszła na zebranie z rodzicami*".
"*Nie potrafię nauczyć córki, by napełniała bak w samochodzie*".
"*Nie potrafię przekonać Alana, by używał słów zamiast pięści*".

Dziwiłem się, dlaczego wszyscy piszą czego nie potrafią zrobić, a nie odwrotnie. Wróciłem więc na swoje miejsce i czekałem.

Teraz każdy miał umieścić swoją kartkę w pustym pudełku po butach, stojącym na biurku nauczycielki. Kiedy wszyscy oddali już kartki, Donna wsunęła do pudełka swoją. Zamknęła wieko, wzięła pudełko pod pachę i wyszła na korytarz. Za nią ruszyli uczniowie. Za uczniami – ja.

Gdzieś w połowie korytarza procesja zatrzymała się. Donna zniknęła w **portierni** i po chwili ukazała się z powrotem z łopatą.

Z pudełkiem w jednej ręce i łopatą w drugiej wyprowadziła pochód na zewnątrz, do najbardziej

odległego zakątka boiska. Tam też zaczęła kopać dołek. Tu miał się odbyć pogrzeb "*Nie potrafię*"! Kiedy dołek był wystarczająco głęboki, umieszczono w nim pudełko z "*Nie potrafię*" i czym prędzej zasypano ziemią. Trzydzieścioro jeden nastolatków otoczyło ciasnym kołem świeży grób. Donna zabrała głos.
– Chłopcy i dziewczęta, chwyćcie się za ręce!
Uczniowie natychmiast spełnili jej polecenie. Szybciutko utworzyli krąg wokół "grobu", trzymając się za ręce. Pochylili głowy i zastygli w oczekiwaniu. Donna wygłosiła mowę pożegnalną:
– Przyjaciele, zebraliśmy się tu dziś, by uczcić pamięć ""*Nie potrafię*". Jego imię, niestety, wymawiano w każdym publicznym miejscu: w szkołach, gmachach urzędów miejskich, w stolicach stanów, a nawet w Białym Domu. Odprowadziliśmy "*Nie potrafię*" na miejsce jego wiecznego spoczynku. Na nagrobku pozostawiamy napis:

Przeżyli go jego bracia i siostry: "Potrafię", "Chcę", "Zrobię to natychmiast". Niech spoczywa w pokoju. Amen.

– Ci uczniowie nie zapomną nigdy tego dnia – pomyślałem, wysłuchawszy mowy Donny.
Spisanie stron "*Nie potrafię*", ich pogrzeb, pożegnalna mowa... Wszystko to dzięki wysiłkowi Donny...
...Nie należałem do uczniów Donny. To ona była jedną z moich uczennic.
Ale przerosła mnie! To ona dała mi niezapomnianą lekcję.
Jeszcze dziś, po latach, kiedykolwiek słyszę: "*Nie potrafię*", widzę tamten pogrzeb.

---

pochłonięty – mocno zajęty czymś, mocno zainteresowany
portiernia – pomieszczenie szkoły obok wejścia, gdzie urzęduje stróż (security), gdzie są klucze do pomieszczeń i niezbędne narzędzia potrzebne w szkole

---

Zastanów się i odpowiedz!

1. Dlaczego autor dał opowiadaniu tytuł "Niezapomniana lekcja"?
2. Wskaż słowa ujawniające narratora. Kto nim był?
3. Odszukaj słowa wypisane na nagrobku . Odczytaj je.
4. Czego ta lekcja mogła wszystkich nauczyć?
5. Nazwij cechy, którymi charakteryzowała się nauczycielka. Które z nich najbardziej cenisz?

6. Wypisz te czynności, które potrafisz wykonać z łatwością.

7. Przypomnij sobie zasadę pisania *nie* z czasownikami.
8. Pomyśl i zaproponuj swojej nauczycielce pomysł na nietypową, ciekawą lekcję.
9. Przeżyłeś/przeżyłaś już wiele lekcji – bardziej lub mniej ciekawych. Czy była wśród nich taka, która mocno utkwiła ci w pamięci?

Pracuj nad rozwojem słownictwa!

■ Ta lekcja była *niezapomniana*.
Mogła być: *niezwykła, nieprzeciętna, niepospolita, wyjątkowa, nadzwyczajna;*
■ Nauczycielka była *pomysłowa, twórcza, kreatywna, stanowcza, z konceptem;*
Cała lekcja Donny to była **koronkowa robota** – *misterna, dokładna, przemyślana i skuteczna;*
■ Nikt z uczniów **nie chował głowy w piasek** – *nie ukrywał się, nie uchylał się, nie unikał odpowiedzi;*
Każdy pisał szczerze o swoich problemach.

Co sprawia nam trudność w nauce języka polskiego? Ortografia?

Nauczmy się zauważać te trudności, dociekać, szukać, sprawdzać, notować. →

Notatka powinna
– być zwięzła
– zawierać zdania krótkie lub równoważniki zdań
– obejmować sprawy zasadnicze
– zawierać skróty wyrazowe:
  np., str., wyr. z **ó** niewym.

Polska ortografia **nie jest łatwa**!
– To istny *krzyż pański*!
– To *dopust boży*!
  Ktoś inny powie: to nie *bagatelka*!
– To *istne skaranie boskie*!

Szersze spojrzenie na temat

Piękna pieśń Indian Nawajo mówi:
"Z każdej głębokiej doliny jest jakieś wyjście, jakiś tęczowy ślad."

Dla Was tym tęczowym śladem, wyjściem,
jest pomoc i wskazówka nauczyciela.
Dlatego:

◆ naucz się słuchać i notować
◆ powtarzaj usłyszane informacje
◆ korzystaj z Internetu, by znaleźć wiele nowych informacji na określony temat
◆ używaj słowników: ortograficzno-gramatycznego, poprawnej polszczyzny, wyrazów obcych, synonimów, związków frazeologicznych
  Twoje wypowiedzi i wypracowania muszą być piękniejsze, dojrzalsze, bogatsze.
◆ myśl samodzielnie
  Dyskutuj i nie bój się, że popełniasz błędy językowe. Po to jesteś w szkole, żeby się uczyć. Broń własnego zdania, ale licz się także ze zdaniem innych.
◆ ta książka to twoja własność
  Weź do ręki ołówek, kolorowe mazaki i pracuj z książką: zakreślając, pisząc na marginesie, podkreślając to, co dla ciebie najważniejsze.
Nigdy jej nie wyrzucaj! Będziesz do niej nieraz powracać!

Wspomnienie jednego popołudnia

fragment noweli pt. "Latarnik". H. Sienkiewicz

oprac. M. Pawlusiewicz

Skawiński był latarnikiem w Aspinwall *(obecnie – Colon)*, małej miejscowości położonej nad Kanałem Panamskim.

Łódź dowoziła mu wodę i zapasy żywności. Pewnego dnia znalazł coś więcej oprócz zwykłego ładunku. Była to polska książka.

Polskie książki w Aspinwall, na jego wieży, wśród jego samotności, była to nadzwyczajność, cud jakiś...

Spojrzał: były to wiersze. Imię autora nie było mu obce; wiedział, że należy do wielkiego poety... Ale od czasu wyjazdu do Ameryki prawie nie spotykał Polaków, a już nigdy polskich książek.

Z tym żywiej bijącym sercem przewrócił kartkę tytułową... Zegary aspinwalskie wybiły piątą po południu. Jasnego nieba nie zaciemniała żadna chmurka. Ocean był spokojny.

Nagle wśród tego spokoju natury rozległ się drżący głos starego, który czytał głośno, by się samemu lepiej rozumieć:

Litwo, Ojczyzno moja, ty jesteś jak zdrowie!
Ile cię trzeba cenić, ten tylko się dowie,
Kto cię stracił. Dziś piękność twą w całej ozdobie
Widzę i opisuję, bo tęsknię po tobie...

Skawińskiemu zabrakło głosu. Litery zaczęły mu skakać do oczu; w piersi coś urwało się i szło na kształt fali od serca wyżej i wyżej, ściskając za gardło... Opanował się jednak i czytał dalej:

Panno święta, co jasnej bronisz Częstochowy
I w Ostrej świecisz Bramie!

Stary ryknął i rzucił się na ziemię; jego siwe włosy zmieszały się z nadmorskim piaskiem. Oto czterdzieści lat dobiegało, jak nie widział kraju, i Bóg wie ile, jak nie słyszał mowy rodzinnej, a tu tymczasem ta mowa przyszła sama do niego – przepłynęła ocean i znalazła go, samotnika, na drugiej półkuli, taka kochana, taka droga, taka śliczna!

Słońce już przeszło nad ogrodami, nad dziewiczym lasem Panamy i staczało się z wolna za międzymorze, ku drugiemu oceanowi. Ale Atlantyk był jeszcze pełen blasku, więc czytał dalej:

Tymczasem przenoś duszę moją utęsknioną
Do tych pagórków leśnych, do tych łąk zielonych...

Zmierzch dopiero zatarł litery na białej karcie.

Starzec przymknął oczy.... I wówczas Panna święta, co broni Częstochowy zabrała jego duszę i przeniosła "do tych pól malowanych zbożem rozmaitem". Znalazł się w swojej rodzinnej wsi. Teraz widzi pola, łąki, młyn, dwa stawy brzmiące chórami żab, starą karczmę. Słyszy głosy skrzypiec i śpiewy. Nastaje ranek, pieją koguty, krzyczą żurawie. Z mroku wyłaniają się lasy, pola, chałupy, skrzypią studnie. - O, jaka ta ziemia piękna!

Nagle jakiś głos rozlega się nad Skawińskim "Nie zapaliliście latarni, pójdziecie precz ze służby". Skawiński pobladł... Kilka dni później widziano go na pokładzie statku płynącego z Aspinwall do Nowego Jorku.

Zastanów się i odpowiedz!

1. Jaki jest nastrój fragmentu noweli pt. "Latarnik"?
2. Jakie uczucia wzbudzają w tobie losy pana Skawińskiego? Zrób wykres właściwych określeń.
3. Opisz sen Skawińskiego.
4. Gdybyś był sędzią, w jaki sposób ukarałbyś starego latarnika za jego niedopatrzenie?
5. Czym jest dla ciebie polska książka? Czy ma w twoim domu właściwe sobie miejsce?

Przenieśmy się na chwilę w krainę fantazji.

Jak wyglądałoby spotkanie z panem Skawińskim w początkach XXI wieku?

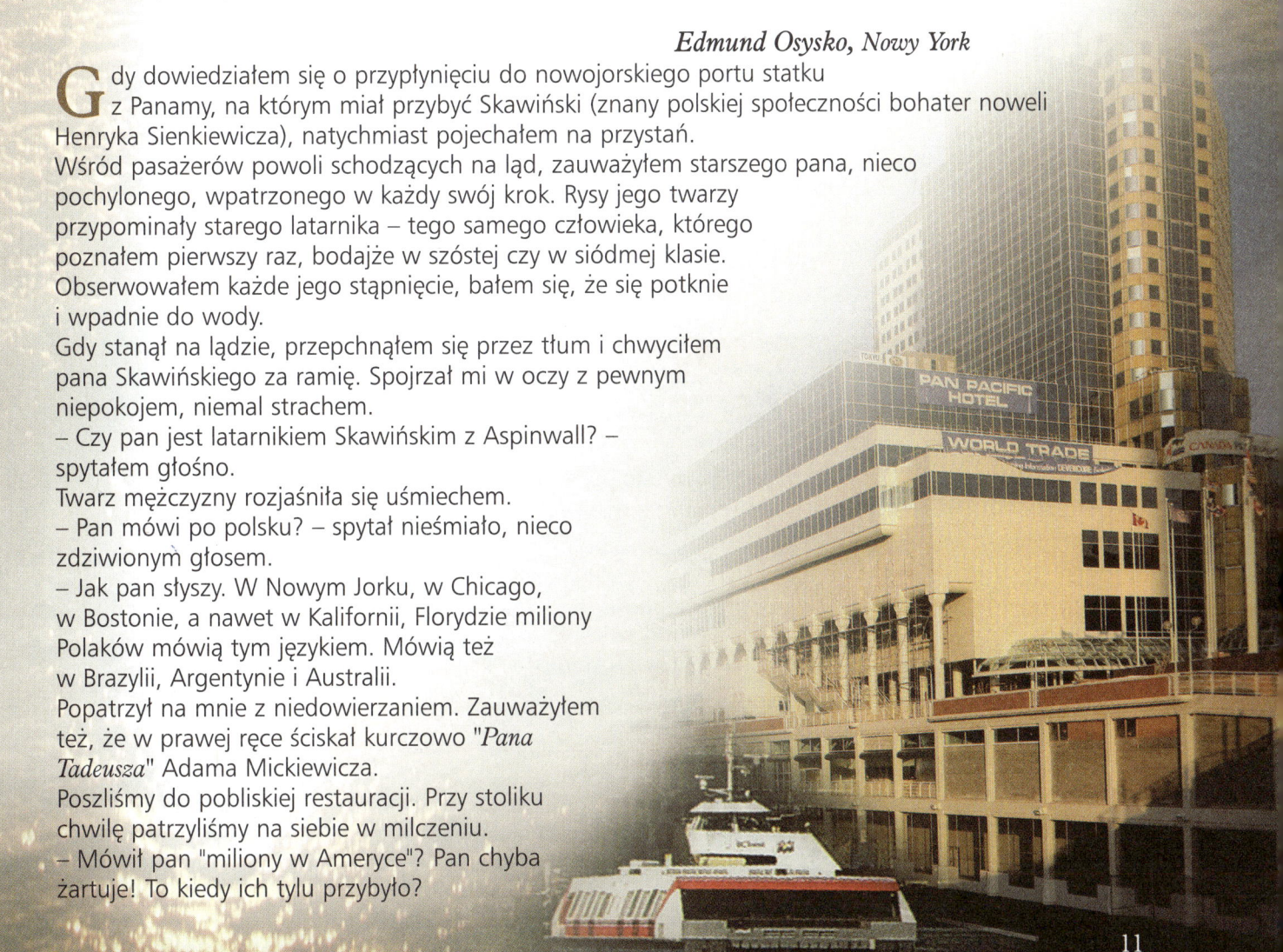

Edmund Osysko, Nowy York

Gdy dowiedziałem się o przypłynięciu do nowojorskiego portu statku z Panamy, na którym miał przybyć Skawiński (znany polskiej społeczności bohater noweli Henryka Sienkiewicza), natychmiast pojechałem na przystań. Wśród pasażerów powoli schodzących na ląd, zauważyłem starszego pana, nieco pochylonego, wpatrzonego w każdy swój krok. Rysy jego twarzy przypominały starego latarnika – tego samego człowieka, którego poznałem pierwszy raz, bodajże w szóstej czy w siódmej klasie. Obserwowałem każde jego stąpnięcie, bałem się, że się potknie i wpadnie do wody.
Gdy stanął na lądzie, przepchnąłem się przez tłum i chwyciłem pana Skawińskiego za ramię. Spojrzał mi w oczy z pewnym niepokojem, niemal strachem.
– Czy pan jest latarnikiem Skawińskim z Aspinwall? – spytałem głośno.
Twarz mężczyzny rozjaśniła się uśmiechem.
– Pan mówi po polsku? – spytał nieśmiało, nieco zdziwionym głosem.
– Jak pan słyszy. W Nowym Jorku, w Chicago, w Bostonie, a nawet w Kalifornii, Florydzie miliony Polaków mówią tym językiem. Mówią też w Brazylii, Argentynie i Australii.
Popatrzył na mnie z niedowierzaniem. Zauważyłem też, że w prawej ręce ściskał kurczowo *"Pana Tadeusza"* Adama Mickiewicza.
Poszliśmy do pobliskiej restauracji. Przy stoliku chwilę patrzyliśmy na siebie w milczeniu.
– Mówił pan "miliony w Ameryce"? Pan chyba żartuje! To kiedy ich tylu przybyło?

– Co roku przyjeżdżają.
– A czy Sienkiewicz jeszcze żyje?
– Żyje w naszej pamięci, w pamięci uczniów... Mamy kilka szkół noszących jego imię.
– Szkoły? Jakie szkoły?
– Proszę pana, mamy w Stanach Zjednoczonych setki polskich szkół, a na całym świecie są ich tysiące! We wszystkich szkołach młodzież zna postać latarnika.
Skawiński oparł jedną dłoń na krawędzi krzesła, a drugą posunął w moim kierunku "*Pana Tadeusza*".
– Czy zna pan tę książkę? – spytał.
– Niemalże całą na pamięć – odpowiedziałem. Twarz starca rozjaśniła się uśmiechem.
– Dzieci w szkołach uczą się różnych fragmentów na pamięć... – dodałem szybko.
– Pan mówił, że w Ameryce mieszka ponad 10 milionów Polaków. Czy nikt z nich nie tęskni do kraju? Dlaczego więc czytacie Sienkiewicza lub Mickiewicza? Czy nie z tęsknoty?
Spojrzałem na jego pomarszczone czoło i twarz jeszcze brązową od panamskiego słońca.
– Panie Skawiński – powiedziałem powoli – 90 procent naszych dzieci urodziło się w Ameryce. Do Polski jeżdżą na wakacje, ponieważ kochają kraj swoich rodziców i dziadków. Kochają także język polski. Sto lat temu wielu Polaków żyło jak pan... Obecnie czasy się zmieniły. Dla tych 90 procent dzieci ojczyzną jest Ameryka.
– A rodzice? – spytał.
– Rodzice i dziadkowie znają i cenią polską kulturę i literaturę, dlatego ich dzieci, wnukowie znają pana życiorys, wiedzą o pana walkach i medalach, czytają o pańskiej tęsknocie za polskim słowem. Mamy polskie pisma, radio, telewizję. Obecnie wśród Polaków nie ma latarników, ale są politycy, lekarze, prawnicy, nauczyciele.
Zaczęło zmierzchać.
Słuchałem pytań pana Skawińskiego z dziwnym uczuciem. Nie był to ani żal za czasami, które minęły, ani radość ze zmian Polonii. Zanim zdecydowałem się mu odpowiedzieć, pan Skawiński wstał z krzesła, podziękował mi za herbatę i wyciągnął rękę na pożegnanie.
– Dokąd pan idzie? – spytałem z troską.
Podszedł do drzwi, odwrócił się na chwilę w moją stronę, uśmiechnął się tajemniczo i wyszedł szybko na ulicę. Na stole leżał egzemplarz "*Pana Tadeusza*".
Czy zapomniał, czy zostawił go celowo?

Zastanów się i odpowiedz!

1. Czym był tak bardzo zdziwiony pan Skawiński, bohater opowiadania Edmunda Osysko?
2. Dlaczego Henryk Sienkiewicz i jego bohater z noweli "Latarnik" mogliby być z ciebie dumni?
3. Czym jest dla ciebie język ojczysty?
4. Oceń swoje osiągnięcia w nauce języka polskiego.
5. Kiedy odczuwasz satysfakcję z dobrej znajomości języka polskiego.

6. Napisz, jakie są twoje patriotyczne obowiązki w stosunku do Polski.
   Możesz wykorzystać niektóre wyrażenia:
   - pracować sumiennie
   - dbać o dobre imię Polski i Polaków
   - uczyć się pilnie języka i przekazać go w przyszłości dzieciom
   - pamiętać o polskich tradycjach
   - mieć ścisły kontakt z rodziną i przyjaciółmi z Polski

Naucz się na pamięć!

Feliks Konarski (Ref-Ren), Chicago, maj 1980 r.

O czym marzył Sienkiewicz
Pamiętnej nocy owej,
Gdy pisał "Latarnika"
W blasku lampy
naftowej?...
(...) Pewnie myślał
o dziatwie

Rozsianej gdzieś po
świecie,
Która losem rzucona
Gdzieś, poza oceany,
Oddarta od Ojczyzny,
Strojnej w pszeniczne łany –

Tej własnej mowy nie zna,
Nie czuje, nie rozumie,
Bo nikt jej nauczyć nie chce,
Nie może albo nie umie...!

I pewnie o tym marzył,
By na świecie nie było
Jednego polskiego dziecka,
Które by nie mówiło
Po polsku...

...A teraz
Gdzieś tam, w górze,
Spoza białych obłoków
Spogląda i ociera
Łzę szczęścia lśniącą w oku –
I chciałby przesłać kartkę
Z tej wędrówki podniebnej
Lecz nie ma pióra, bo w niebie
Pióra są niepotrzebne...
Więc z gwiazd układa napis:
Dziękuję Wam, Rodacy,
I życzę powodzenia
W tej Waszej pięknej pracy!

Rys. Ewa Sterniuk

Uczniowie szkoły im. Henryka Sienkiewicza w Summit, IL

Szersze spojrzenie na temat

■ **Latarnik** to nowela Henryka Sienkiewicza napisana przeszło sto lat temu. Nasz pisarz-noblista przebywał wtedy w Ameryce, zwiedzał ją, poznawał Polaków mieszkających za oceanem. Ta nowela oparta jest więc na prawdziwym wydarzeniu.
Książka, którą ktoś włożył Skawińskiemu do ładunku z żywnością była najsłynniejszym dziełem polskiego poety, Adama Mickiewicza.

Kochajmy nasz język ojczysty

"Dziękuję Ci, moja matko, żeś mnie uczyła tej mowy (...)"
poeta emigracyjny Feliks Konarski (Ref-Ren)

■ *Dlaczego tak go nazywamy?*

Mowa jest darem naszych ojców, dziadków, minionych pokoleń. Posługujemy się nią: w książkach, czasopismach, w radiu, telewizji, w kinie, w teatrze, w każdej chwili naszego życia w kraju i na emigracji.
Mimo różnych historycznych burz *(rozbiory, dwie wojny światowe)* język ten przetrwał i nadal się rozwija. Uczy się go wiele milionów ludzi w kraju i za granicą. Potrzebny jest teraz urzędnikom Unii Europejskiej, biznesmenom, handlowcom. To, że uczymy się go i my, tutaj na emigracji wypływa z poczucia patriotyzmu i przywiązania do rodzinnych, polskich tradycji.
• **Pamiętajmy! – Nasza mowa to nasz skarb.**
Polskie matki, babcie, prababcie z narażeniem życia uczyły swą dziatwę, szepcząc jej do ucha:
– Kto ty jesteś? – Polak mały.
• Mowy tej nie pokonali ani **Hitler**, ani **Stalin**.
   • Żyła w piosenkach na ulicy, na barykadach, w obozach śmierci, w **łagrach**, we łzach ginących dzieci.
      • Język jest trwały w przeciwieństwie do domów, urzędów, teatrów, kin, całych miast, które mogą być zniszczone. **Język żyje tak długo, jak żyją osoby nim mówiące.**
         • Pielęgnujcie swój język ojczysty i przekazujcie go swoim dzieciom. **Podziękujcie dziś swoim rodzicom za to, że czuwają, by w waszych domach mówiło się po polsku.**

Hitler – przywódca nazistowskich Niemiec. Rozpętał II wojnę światową, budowniczy obozów koncentracyjnych (obozów śmierci).
Stalin – przywódca rosyjski, odpowiedzialny za wymordowanie setek tysięcy Polaków podczas II wojny światowej. Po wojnie narzucił Polsce ustrój komunistyczny i obowiązkową naukę języka rosyjskiego w szkołach.
Łagry – rosyjskie obozy koncentracyjne i obozy pracy przymusowej

I TAK ZOSTAŁEM EMIGRANTEM!

(...)

M. Pawlusiewicz

Tego dnia nie zapomnę nigdy, nigdy! – bo czy można zapomnieć moment w swoim życiu, kiedy wszystko wywraca się o 180 stopni?
Dzisiaj mija już pół roku od mojego przylotu do Stanów, a ja ciągle jeszcze słyszę warkot samolotu. Natomiast przed oczami przewijają mi się obrazy osób i miejsc, z którymi byłem zżyty przez 12 lat. Widzę babcię i dziadka żegnających nas na lotnisku. Widzę ich łzy i uściski, a w sercu czuję do dzisiaj lęk, który nie opuszcza mnie ani w dzień, ani w nocy: „Co będzie?", „Jak sobie poradzę – nie znam języka, więc jak się będę porozumiewał? „Czy uda mi się z kimś zaprzyjaźnić?"

Tęsknię do swojego pokoju z moją dziecięcą kolekcją resorówek, żołnierzyków, do kota, który swymi pieszczotami i ciepłem futerka pomagał mi choć na chwilę zagłuszyć tęsknotę za tatą. Tęsknię do trzepaka za blokiem, który pamięta moje fikołki, a czasem przykre upadki, do Parku Jordana, gdzie stawiałem pierwsze kroki i do cudownych ulic Krakowa, które przemierzałem w drodze do szkoły. To wszystko zostało gdzieś daleko, jakby za mgłą, ale powraca w ustawicznych wspomnieniach i szalonych snach. Czasem śni mi się na przykład, że jestem w Polsce, jak zwykle szczęśliwy, z kolegami na boisku lub korcie tenisowym, ale zaraz w jakichś nieokreślonych okolicznościach gubię paszport i znowu pojawia się stres: "jak ja wrócę do rodziców?"

Czy może to wszystko zrozumieć Oskar, Bartek, Alan, Robert, którzy urodzili się tutaj i nikt nie wyrwał ich z gniazda, w którym było mu miło i bezpiecznie?
A te ich spojrzenia! – szczególnie Patryka, lidera naszej klasy, którego wzrok zdaje się pytać: „Czy on da sobie radę? Czy nie będzie obniżał poziomu klasy?" A ja przecież nie jestem chory, czy upośledzony, potrzebuję tylko czasu, niczego więcej! Wydaje mi się, że wiadomości mam chyba większe niż oni, bo gdy słucham lekcji, lub patrzę na tablicę z niektórymi zadaniami z matematyki czy science, wszystko zdaje się dla mnie być „pestką". Na wiele pytań odpowiedziałbym w mig, gdyby rozwiązał mi się wreszcie język. Czy tak trudno zrozumieć drugiego człowieka?

Dzisiaj jednak coś drgnęło. Po lekcjach w szkole podszedł do mnie Bartek i zapytał:
- Wojtku, czy chciałbyś, żebym ci pomagał w angielskim? A w ogóle to moglibyśmy się zakolegować!
- Oczywiście, bardzo chętnie – odpowiedziałem natychmiast. W duchu jednak pomyślałem: „Gdybyś mi to powiedział pół roku temu, o ile lżej byłoby mi na sercu". Zauważyłem też, że od kilku dni chłopcy zaczynają mnie już dostrzegać. Może przestałem być już dla nich tym „obcym"? Oskar opowiedział mi wczoraj o polskiej szkole. Mówił, że jest „cool", fajna pani i fajne dziewczyny. Chyba poproszę mamę, żeby mnie zapisała już teraz, chociaż tato twierdzi, że powinienem popracować nad angielskim.

Właśnie teraz wybieram się z rodzicami do Downtown obejrzeć Planetarium i Field Museum. Tato bardzo się stara, abym coraz mniej wracał wspomnieniami do Polski, by moje serce rozdarte na dwie części między Polską, a Ameryką zaczęło normalnie funkcjonować. Czasem bierze mnie, jak przed laty, na kolana, jakby chciał wynagrodzić mi lata naszej rozłąki. Chce, żebym był szczęśliwy.

Jedziemy autostradą. Ciągle czuję się malutki w tych ogromnych przestrzeniach, szerokich ulicach i odległościach.

Tu wszystko jest duże. Nawet ptaki i komary są większe niż w Polsce. Podobają mi się pięknie przystrzyżone trawniki, zadbane domy. Rażą mnie fruwające papiery po ulicach (oczywiście w mniej zadbanych dzielnicach Chicago), rozdeptana guma do żucia na chodnikach i niedbały ubiór młodzieży.

Powoli rodzi się jednak we mnie chęć poznania i tego kraju, i ludzi. Mam też nadzieję, że nie będę w tym zupełnie sam - że Bartek, Oskar, a nawet Patryk pomogą mi łagodnie wejść w „ich" świat.
A może ich o to poproszę?

Zastanów się i odpowiedz!

1. Kto jest bohaterem tego opowiadania?
2. Podaj osoby drugoplanowe.
3. Z jakim problemem musiał się zmierzyć Wojtek - co przeżywał?
4. W jaki sposób próbował mu pomóc ojciec?
5. Jaki był stosunek kolegów do Wojtka?
6. Kto z nich pierwszy wyciągnął do niego rękę i co mu zaproponował?
7. Gdybyś ty zetknął się z Wojtkiem w swojej klasie, w jaki sposób pomógłbyś mu przystosować się do nowych warunków?
8. Wytłumacz zdanie kończące opowiadanie: "A może ja ich o to poproszę?"
9. Wyobraź sobie dalsze losy Wojtka w Ameryce.
10. Nadaj tytuł temu opowiadaniu.
11. Postaraj się odszukać wyrazy, z którymi Wojtkowi kojarzyła się Polska i USA. Wpisz też synonimy i antonimy podanych poniżej wyrazów.

12. Poczuj się jakbyś był Wojtkiem. Wejdź w jego położenie i napisz, jakie uczucia targały tobą po opuszczeniu ojczyzny.

Pracuj nad rozwojem słownictwa

skojarzenia

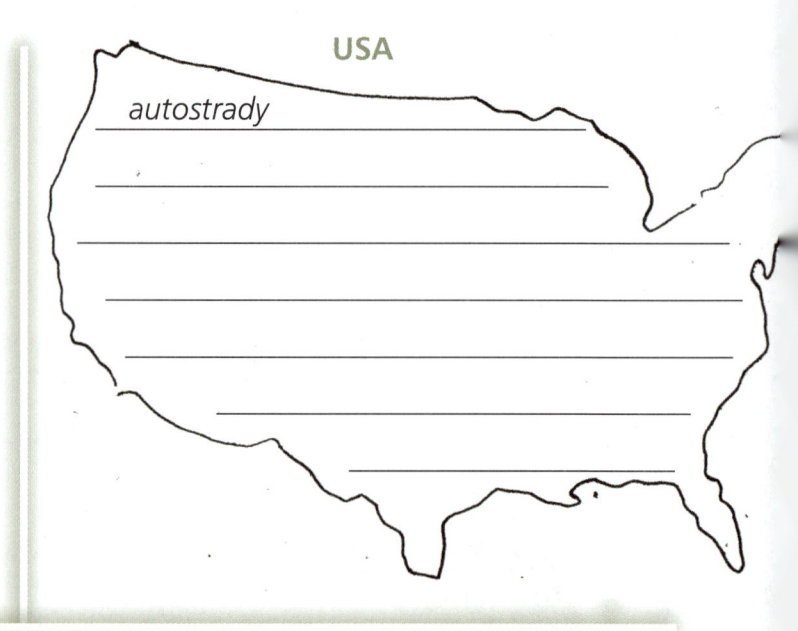

Polska
babcia, dziadek, koledzy, szkoła
_____
_____
_____
_____
_____

USA
autostrady
_____
_____
_____
_____
_____

synonimy

dręczyć się – martwić się
inteligentny – mądry, bystry
kłopot – _____
rozmyślać – _____
uskarżać się – _____
pocieszyć – _____

antonimy

smutek – radość
obojętność – zainteresowanie
wiara – _____
pomoc – _____
łzy – _____
rozbite serce – _____

MATERIAŁY DO DYSKUSJI   ROZDZIAŁ II

Wasi rówieśnicy dawniej i dziś

"Pewien uczeń spytał mistrza:
– Czy istnieje jakaś ludzka słabość, której nie da się ukryć?
– Tak, odpowiedział mistrz. Są nawet trzy takie słabości: koklusz, bieda i złe wychowanie."

Norbert Lechleitner

17

MATERIAŁY DO DYSKUSJI (CZYTA NAUCZYCIEL)

Wspomnienia z dzieciństwa

Zofia Nałkowska, fragm. "Dom nad łąkami"
oprac. M. Pawlusiewicz

> "Każdego ranka zaczyna się nowy dzień. Każdego ranka spotykasz wiele ciekawych rzeczy. Wytęż wzrok i słuch! Obserwuj! Notuj!"

Nasz dom stał na górze w lesie zupełnie sam. To było takie pustkowie, że można było chodzić wzdłuż i wszerz i trudno było znaleźć ludzką siedzibę. Wraz z obudzeniem się świtu obie z siostrą wybierałyśmy się, by szukać tajemnic schowanych w urokach łąk i strumieni.

Kochałyśmy łąki pełne kaczeńców, zawilców. **Kaczeńce** najpiękniejsze były na przykład wtedy, gdy w wodzie odbijały się granatowe chmury. Im chmurniejsze, pełne granatu było niebo, tym one stawały się pogodniejsze, bardziej złociste.

Zdarzały się też inne rzeczy, równie dla nas ważne. Chodząc po lesie, napotykałyśmy zwierzęta leśne. Lubiłyśmy je podglądać. Kiedyś młody zajączek, który zasnął pod sosną, nie zauważył, że do niego podeszłyśmy. Wyglądał na zmarzniętego lub chorego, bo cały był skulony. Kiedy go dotknęłyśmy, *(a do dzisiaj pamiętam jego ciepły puch na czole i między uszami)* dał takiego **susa**, że przez chwilę **stałyśmy jak wryte w ziemię**, nie wiedząc, co się stało.

mal. M. Podkowiński
"Dzieci w ogrodzie"

Kiedy indziej znowu, pokazałyśmy jednej z wielu wiewiórek wałęsających się po naszych drzewach, z daleka parę orzeszków. Wiewiórka siedziała dosyć nisko na **akacji**, schyliła łeb i trochę się przyglądała. Wreszcie powoli zeszła na pień i ostrożnie z głową w dół, wyciągnęła pysk do tych orzeszków. Z bijącym sercem, pełna wzruszenia i niedowierzania, podałam jej jeden orzeszek, a ona wzięła go w zęby i na trochę wyższej gałęzi spokojnie zjadła. Później zeszła jeszcze po drugi i po trzeci orzech, a kiedy miała dosyć, to się pomieszała z innymi wiewiórkami i nie można jej było poznać. Pokazywałyśmy potem orzechy różnym wiewiórkom, ale żadna z nich nie zeszła. Co dziwne, nawet nie zwróciły na nie uwagi. Nie mogłyśmy pojąć różnorodności ich zachowań.

Na łące, gdzie chodziłyśmy się huśtać na gałęziach wierzby, był rów. Z niego brało się wodę do podlewania kwiatów w ogrodzie. Ale ten rów to było takie bogactwo wstrętnych stworzeń, że nawet w atlasie zwierząt dziadziusia trudno było je odszukać.

Najczęściej były to pijawki, kijanki i włochate, dreszczem przejmujące **larwy** kolorowych owadów, zwanych łątkami.

Trzeba je było wyjmować z *czerpaka*, żeby się nie męczyły. Ale one jak na złość, wcale nie chciały zrozumieć naszych intencji i siedziały, z całej siły przyczepione w dziurkach *czerpaka*, nie dając się wyrwać.

Z przyrodą *obcowałyśmy* nawet w domu. W kuchni królował wielki, jasnozielony konik polny, który chodził po stole przy jedzeniu, a mysz chowałyśmy w pudełku od cukierków. *Diademy*, plecione z traw i poutykane piórami służyły nam do zabaw w Indian, a szałasy budowane z gałęzi i fortece budowane z kamieni były ulubionymi miejscami naszych wojennych podchodów.

Wokół nas rosły nasturcje i słoneczniki, które, tak jak i my kochały słońce. Takie było nasze życie....

pijawka

larwa motyla

kaczeńce  *zawilce*  *nasturcje*  *słoneczniki*

sus – nagły skok
stać jak wryty w ziemię – znieruchomieć, będąc czymś zaskoczonym
akacja – wysokie drzewo o białych, miododajnych kiściach kwiatów
larwa – faza rozwoju owada, postać niedojrzała
czerpak – mała siatka osadzona na długim kiju
obcować z kimś, z czymś – przebywać z kimś, czymś
diadem – przepaska do włosów, srebrna lub złota, wysadzana drogimi kamieniami (ozdoba), tu: pióropusz

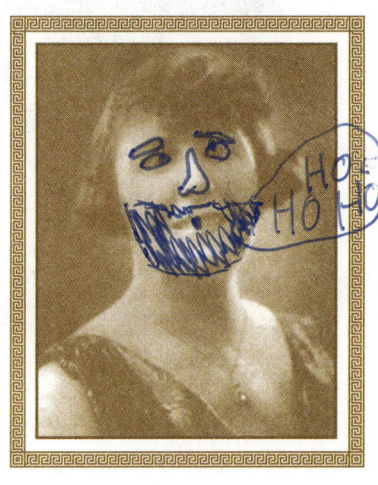

Zofia Nałkowska, pisała wiersze. Po kilku latach stwierdziła, że większą satysfakcję sprawia jej pisanie opowiadań lub powieści. I tak się zaczęła jej pisarska kariera. Atmosfera rodzinnego domu sprzyjała potrzebie tworzenia. Ojciec Zofii był znanym pisarzem, dziennikarzem, pedagogiem i geografem.
Bardzo dbał o staranne i wszechstronne wychowanie córek.
"Nad łąkami" to jedna z wcześniejszych powieści Nałkowskiej.
To **powieść biograficzna** – czyli opowiadająca o życiu autorki.

1885-1954

Zastanów się i odpowiedz!

1. Zamknij oczy. Jakie obrazy z codziennego życia dziewczynek, bohaterek "Wspomnień z dzieciństwa" przesuwają się w twojej wyobraźni?
2. Wyobraź sobie teraz, że z oddali obserwujesz dziewczynki przez lornetkę. Powiedz, co widzisz? Opisz zachowanie i reakcje emocjonalne dziewczynek.
   (Możesz sobie dobrać kolegę lub koleżankę po to, by wywiązała się ciekawsza rozmowa dwójki obserwujących.)
3. Jakie zabawy ze swojego dzieciństwa pamiętasz najbardziej?
4. Co daje człowiekowi wnikliwe obserwowanie przyrody?
   a) kiedy może przerodzić się w pasję?
   b) kiedy może stać się początkiem kariery naukowej? (biologa, botanika, zoologa)
5. Czy młodzież XXI wieku, mieszkająca w mieście ma możliwość podglądać przyrodę? Gdzie?

6. Przeczytaj współczesne opowiadanie pt. "*Daj się namówić*" i porównaj życie młodzieży z czasów dzieciństwa autorki, z życiem młodzieży, niebezpieczeństwami i pokusami obecnych czasów. Opisz swoje przemyślenia.

Daj się namówić

M. Pawlusiewicz

Zbliżałem się już do szkoły. Pomachałem jeszcze mamie, odjeżdżającej z parkingu.
– Dzisiaj trudny dzień – pomyślałem – sprawdzian z hiszpańskiego, test z matematyki. Trochę za dużo jak na jeden dzień! – Kątem oka rzuciłem na parkan obok szkoły. Jakiś wyrostek czołgał się wzdłuż siatki, a drugi, nieco mniejszy, posuwał się za nim.
– Ty, mały! Masz dwa dolary? – usłyszałem. Odwróciłem głowę i udałem, że nie słyszę.
– Do ciebie mówię! Zatrzymaj się! Daj tylko dolara, a odlecisz.
– Odlecisz? – zastanowiłem się. Tak, to słowo już słyszałem od Patryka "Wczoraj wziąłem i odleciałem. I wiesz, chciałbym to przeżyć jeszcze raz." Już od tygodnia nie ma go w szkole. Sam sobie tego piwa nawarzył.
– Dajcie mi święty spokój! Nie dam się nabrać! Nigdy nie wezmę narkotyków do ust!
– Nie musisz brać do ust! Mamy plasterki. Damy ci za darmo.
– ***Spylajcie***, bo zadzwonię na policję!
– Coś ty taki pewny siebie!
– Źle trafiliście! Już dawno nauczyłem się mówić **NIE**! A poza tym teraz jest moda na **NIEBRANIE** – czyli moda na silne charaktery. Przeczytajcie sobie książkę Christiane F. pt. "My dzieci z dworca ZOO" autorki znającej ten temat z *autopsji*. Może to wami wstrząśnie i opamiętacie się.
Przyspieszyłem kroku.

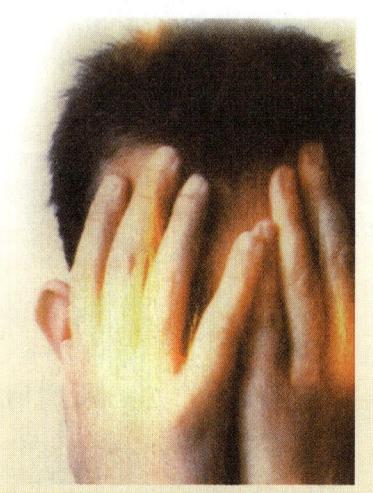

Papież Jan Paweł II uważał ...że "narkomania jest bardziej chorobą duszy niż ciała".

20

Słyszałem za sobą głośne *przekleństwa*, będące zapewne dowodem ich porażki.
Poczułem dumę! Byłem górą.

> **spylać, zjeżdżać** (żargon uczniowski) – uciekać
> **znać coś z autopsji** – z własnego doświadczenia
> **przekleństwa** – słowa obelżywe, wulgarne
> **być nad kimś górą** – tu: przezwyciężyć, odnieść sukces

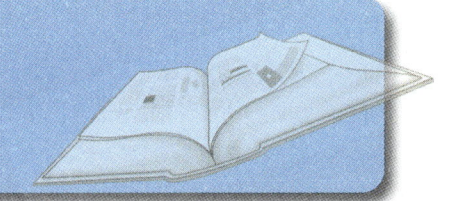

Zastanów się i odpowiedz!

1. Czy spotkaliście się kiedyś z podobną sytuacją? Jak zareagowaliście?
2. Dlaczego temat narkotyków jest tak ważny i tak często poruszany w szkole, w radiu, telewizji, czasopismach, czyli w środkach masowego przekazu?

3. Zaprojektuj plakat ilustrujący zagrożenie młodzieży narkotykami. Niech ma on bardzo mocną, wyrazistą wymowę, podkreślającą skutki brania narkotyków.

4. Narysuj komiks, w którego treści bohater nie odmawia przyjęcia narkotyku. Poświęć nieco więcej czasu na rozwój wydarzeń przedstawiających przyszłość takiego człowieka.

Pracuj nad rozwojem słownictwa!

Jak dyskutować? *Część I*

W rozdziale II podręcznika znajdują się tematy, o których można ciekawie dyskutować.
Dyskusja to rozmowa polegająca na wymianie różnych zdań, czasem opinii i poglądów na jakiś temat.
Dyskusja może doprowadzić do wspólnych wniosków, ocen dotyczących dyskutowanych spraw.

■ **Nad całością dyskusji na lekcji czuwa nauczyciel podając temat.**

■ **Uczestnik dyskusji**
– nie przerywa dyskutantowi
– nie robi głupich min i gestów
– słucha uważnie,
  by móc włączyć się do dyskusji

■ **Ktoś, kto włącza się do dyskusji**
– mówi rzeczowo i krótko
– mówi grzecznie, taktownie,
  nikogo nie obrażając
– dąży do zgody, a nie poróżnienia

Przykład wyrażeń używanych w dyskusji:

uważam, że...	sądzę, że...
myślę, że...	w moim przekonaniu...
według mnie...	moim zdaniem....
wydaje mi się, że...	mam wrażenie, że...

MATERIAŁY DO DYSKUSJI (CZYTA NAUCZYCIEL)

Lekcja podwórkowego życia

Maria Dąbrowska
fragm. opow. pt. "Wilczęta z czarnego podwórka"
oprac. M. Pawlusiewicz

"*Dzieci wychowane w skromnych warunkach umieją patrzeć, rozumieć, współczuć i właściwie pojmować rzeczywistość...*"
Adolf Knigge

Było to miejskie podwórze, ale nie w samym centrum miasta. Ulica pozbawiona była kanalizacji, więc można sobie wyobrazić, jaki zapach miało powietrze, szczególnie na zmianę pogody. Przez całe podwórze przepływał **rynsztok** z nieczystościami, w bramie tylko przykryty deską, by można było przejść, nie przewracając się. Ściany domów odrapane, brudne, robiły posępne wrażenie.

Mimo to na podwórzu było wesoło. Bawiła się tam zawsze gromada **obdartusów** i **mizeraków**. Tylko część z nich chodziła do szkoły. Zabawy były różne: w berka, w "czarnego luda", w palanta, a nawet w piłkę zrobioną ze starych **gałganów** lub znalezionych w koszu kaloszy. Przewodził im Staszek Jasnota, syn krawca z poddasza. Do towarzystwa miał Franka Ładę, syna dozorcy i Antosia Tyżyka, którego matka roznosiła gazety.

Niekiedy całe bractwo wychodziło na ulicę, żeby popatrzeć, jak idzie ulicą wojsko, harcerze albo jakaś muzyka. Wpatrywali się wtedy w piękne ubrania, rogatywki wojskowe, w odznaczenia i sprawności harcerskie. Wracali później na podwórze i mieli temat do następnych zabaw. – Czuwaj! Czuwaj! – wołali i ustawiali dzieciarnię w szeregu.

Pewnego dnia Franek Łada nie zjawił się jak zwykle na podwórku. Ojciec, dozorca ciężko zachorował, matka, bardzo chorowita, już od dawna nie udzielała się ani w domu, ani w obejściu. Franek zajęty obowiązkami dozorcy, przestał nawet chodzić do szkoły.

Za kilka dni podwórko nawiedziła smutniejsza wiadomość: stan zdrowia ojca Franka jeszcze bardziej się pogorszył, a właściciel kamienicy zapowiedział Ładom, że dom nie może być cały miesiąc bez dozorcy. Podwórko musi być zamiatane, a brama w nocy na żądanie otwierana. W przeciwnym razie Ładowie muszą opuścić mieszkanie. Wszystko to Franek powiedział chłopcom, zwoławszy ich o zmroku w kąt podwórza. Płakał. Czuł się odpowiedzialny za chorych rodziców i młodsze rodzeństwo. Chłopcy, chociaż nieraz się czubili i kłócili, nie zastanawiali się teraz czy się lubią, czy nie, i w tym momencie podjęli decyzję: nie damy wyrzucić Ładów! Nie możemy stracić Franka.

– Baczność panowie granda! Jest nas tu czterech takich, co poradzą sobie z otwieraniem bramy, z posprzątaniem schodów, podwórza i roznoszeniem przesyłek od właściciela.

– Nie ustaniemy dopóki Łada nie wyzdrowieje! Granda panowie – Czuwaj!

– A ty Franek galopa... do matki. Niech idzie powiedzieć gospodarzowi, że Ładowie dostali pomoc.

– No, jazda! Lu!

---

rynsztok – otwarty kanał ściekowy
obdartus – dziecko ubogie, z ubraniem potarganym, połatanym
mizerak – dziecko chorowite, słabe, źle odżywione
gałgany – skrawki materiałów

Kradzież owoców   mal. Franciszek Kostrzecki
Scena z życia dzieci, rówieśników bohaterów opowiadania.

Maria Dąbrowska to wybitna polska pisarka.
Pisała wiersze, opowiadania, powieści oraz nowele dla dzieci
i młodzieży: np. "Marcin Kozera" (czytaliście mały fragment w klasie V,
a inny będziecie przerabiać w kl. VII).
Inne utwory to: "Czyste serca", "Uśmiech dzieciństwa", "Dzieci ojczyzny"

Największym jej dziełem jest powieść pt. "Noce i dnie", która została
sfilmowana.

(1889-1965)

Zastanów się i odpowiedz!

1. Spróbuj na podstawie tekstu opisać podwórko miejskiej kamienicy. Wykorzystaj wyrazy występujące w tekście.
2. Opisz zabawy bohaterów czytanki. Porównaj ich zabawy z miejscem i rodzajami waszych zabaw.
3. Oceń solidarność kolegów z podwórka, ich postawę moralną i dojrzałość.
4. Przeczytaj opowiadanie Małgorzaty Musierowicz pt. *"Lekcja polskiego"* (str. 24) i porównaj stosunek bohaterów do problemów innych ludzi w obu opowiadaniach.

*Ludzie! – wracajcie do prostych reakcji,
do dobroci, wdzięczności, oddania
i chęci niesienia pomocy.
Wszyscy tego oczekujemy!*

ks. Mieczysław Maliński

Lekcja polskiego

*Małgorzata Musierowicz
fragm. powieści pt. "Kwiat kalafiora"
oprac. M. Pawlusiewicz*

"Dmuchawiec" wszedł do klasy. Rozpoczęła się lekcja polskiego. Najpierw omówił wyniki dyktanda. Były jak zwykle dobre, bo wszyscy lubiliśmy przedmiot wykładany przez Dmuchawca.
Mówił zawsze zwięźle, jasno i dowcipnie. A kiedy widział na naszych twarzach cień rozprężenia lub brak uwagi, **ni stąd ni zowąd** nagle zmieniał temat lub rzucał jakieś hasło.
Tak stało się dziś.
Poprosił o schowanie zeszytów, wstał, przeszedł się po klasie i rzucił jedno z wielu swoich haseł dyskusyjnych – **WSPÓŁCZUCIE**.
Klasa ucichła momentalnie.
– Kto wyjaśni, co to oznacza?
Darek z pierwszej ławki zgłosił się jako pierwszy.
– Współczucie to litość!
– Nie, chłopcze. Litość to nie współczucie.
Zwróćcie uwagę na zabarwienie emocjonalne obu tych słów.
Które z nich ma odcień negatywny, ujemny?
– Współczucie – powiedziało kilka osób.
– Oba mają – powiedziało kilka innych.
Dmuchawiec nie spodziewał się takiej odpowiedzi.
– Chwileczkę, jak to? Darku kontynuuj! – zwrócił się do jednego z odważniejszych.
– No, no – bo współczucie, to tak...jak... miłosierdzie..., to takie babskie, **ckliwe**..
– Niech to diabli! – Dmuchawiec spuścił głowę. Jego bujne, zmierzwione włosy opadały, zasłaniając rozczarowanie na jego twarzy. Sięgnął po papierosy, żeby "dmuchnąć", ale zreflektował się natychmiast.
– Co się dzieje? W waszej świadomości zachodzą niepojęte dla mnie zmiany. Czy to, że ich nie pojmuję, byłoby znakiem, że się gwałtownie starzeję?
– Nie, nie proszę pana!
– Dzieci – rzekł nauczyciel – Dlaczego waszym zdaniem współczucie jest czymś niewłaściwym? Dlaczego waszym zdaniem pomaganie bliźnim jest śmieszne? Dlaczego nikt nie wstydzi się agresji i brutalności, a krępuje go własna dobroć? Czy nie sądzicie, że coś tu stoi na głowie?
Dwaj spośród was – nazwisk nie wymienię – stali wczoraj na skrzyżowaniu, a obok staruszka nie miała odwagi przejść przez jezdnię. Widziałem to z dala. Stąd temat mojej dzisiejszej rozmowy z wami.
Starsza pani zwróciła się w końcu do jednego z tych dwóch i on ją przeprowadził przez jezdnię. Ale tak się wstydził, że to zrobił, że musiał sobie zdrowo zakląć, kiedy już wrócił do kolegi.

Ja pytam – dlaczego? Dlaczego wstydzicie się współczucia? Proszę zastanowić się teraz nad pochodzeniem tego wyrazu.
W klasie wisiało niepewne milczenie. Wstała Czesia Żak.
– Boimy się współczuć – powiedziała, bo ludzie wokół nas są agresywni. Robimy krok w ich stronę, a oni odpowiadają nam złością. Po prostu boimy się, żeby nas nie odtrącono.
– Śmieszne – rzekł Dmuchawiec. – Odtrącą was – no i co z tego? Ja bym się tego nie obawiał.
– Ale Czesia ma rację, panie profesorze – powiedziała szybko Beata Kowalczuk. – Ja się na przykład boję ludzi. Mama zawsze mi powtarza, żebym była ostrożna. Bo ludzie, panie profesorze, zaraz wyczują, że ktoś jest miękki i wykorzystają go od razu.
– Boicie się ludzi? – mruknął.
– Chciałeś coś powiedzieć Wojtku?
– No tak – zabełkotał uczeń, strapiony i nieszczęśliwy. – Pan Profesor wie, to ja tę staruszkę...tego. Chciałem powiedzieć, że ja jej po prostu nie zauważyłem, jak staliśmy tam z Luckiem. Rozmawialiśmy o meczu, więc niech "pan psor" nie myśli, że ja tego... bo ja normalnie pomagam w takich sytuacjach.
– W porządku, jasne – klepnął go w ramię Dmuchawiec. – Nie mówię o tobie. Naświetlam teraz **kwestię** w sposób ogólny. Czy ktoś chciałby powiedzieć coś jeszcze?
– Mnie się wydaje, że nie ma tak wielu złych ludzi – powiedział Lucek.
– I ja tak myślę – powiedział Darek. – Wielu jest bardzo oddanych i ofiarnych. A ci co źle postępują, to może nie zastanawiają się nad skutkami swojego postępowania.
– Może myślą, że inni są źli i atakują złem, agresją – dopowiedział Wojtek.
– A ja myślę – wtrącił Lucek, że młodzi to wstydzą się pomagać. To taka obawa przed ośmieszeniem.
– Dziękuję za szczere wypowiedzi. Dużo nauczyłem się z tej lekcji. Oto powód dlaczego lubię swój zawód – z uśmiechem stwierdził Dmuchawiec.

---

ni stąd ni zowąd – nieoczekiwanie, nagle, z nieznanych przyczyn
ckliwe – płaczliwe, przesadnie czułe, (oznaka słabości)
kwestia – temat, problem, zagadnienie

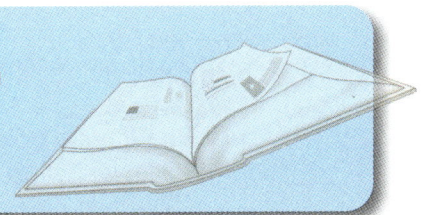

Zastanów się i odpowiedz!

/Przeczytanie tekstu z podziałem na role pomoże wam zrozumieć temat./

1. Która z wypowiedzi bohaterów na temat współczucia i pomocy ludziom podobała ci się najbardziej? - Odszukaj ten fragment i przeczytaj.
2. Dlaczego profesor, mówiąc o współczuciu, przywołał przykład zdarzenia na ulicy, którego był świadkiem?
3. Postaraj się wytłumaczyć pochodzenie słowa **współczucie**.
4. Porównaj postawę młodzieży z obu opowiadań (*"Lekcja podwórkowego życia"* i *"Lekcja polskiego"*).
5. Oceń sposób prowadzenia dyskusji przez profesora języka polskiego.
6. Czy znalazłeś/aś się kiedyś w sytuacji, w której należało komuś pomóc? - Jakie było twoje zachowanie?
7. Ułóż zdania z wyrazami zamieszczonymi w słowniczku.

Pracuj nad rozwojem słownictwa!

Litość – współczucie dla kogoś, żałowanie kogoś;
{Ktoś może wzbudzać litość. Ktoś może okazać komuś litość.}

Współczucie – uczucie żalu i smutku okazywane komuś w nieszczęściu; wczuwanie się w jego sytuację, ubolewanie
{Składamy wyrazy współczucia cierpiącemu.
Ktoś może w nas wzbudzać współczucie.}

Miłosierdzie – litość, współczucie wiążące się na ogół z niesieniem pomocy z ofiarnością, dobroczynnością, filantropią;
{Można komuś okazywać miłosierdzie. Ktoś może być bez miłosierdzia.
Ktoś może prosić, żebrać o miłosierdzie.}

Uwaga: Niektóre słowniki podają te wyrazy jako wymienne, bliskoznaczne: współczucie – ubolewanie – litość – miłosierdzie;
Miłosierdzie ma jednak wydźwięk najmocniejszy i zawsze łączy się z bezinteresowną pomocą drugiemu człowiekowi czy zwierzęciu.

Jak dyskutować? *Część II*

Sprawdź się w roli prowadzącego dyskusję.

- **Na wstępie** dokładnie sformułuj problem, temat.
  Najlepiej jeśli to będzie pytanie, na przykład:
  – Dlaczego nie podobała ci się postawa Wojtka?

- **Wyjaśnij** dlaczego warto nad tym problemem się zastanowić.
- **Udzielaj** głosu według kolejności zgłaszania się dyskutantów.
- **Pamiętaj** o podsumowaniu dyskusji.

Przygotuj się do dyskusji stosując odpowiednie zwroty:

Niezupełnie się z tobą zgadzam, bo...
Masz rację, ale...
Pozwolisz, że w tym momencie powiem swoje racje...
Bądź tak dobry i ...
Wdzięczny jestem, że dostrzegłeś...
Przyznaję, że twój rodzaj myślenia...
Bardzo przepraszam, ale...
Przykro mi, ale nie podzielam twojego zdania...
Należałoby się zastanowić w takim razie nad ...

Przepaść

Tadeusz Różewicz

Podbiegnij, zaopiekuj się mną, pomóż mi...

Babcia w czarnych sukniach
w drucianych okularach
z laseczką
stawia stopę
nad przepaścią krawężnika
cofa się
rozgląda bojaźliwie
choć nie widać śladu samochodu

Podbiega do niej chłopczyk
bierze za rękę
i przeprowadza
przez otchłań ulicy
na drugi brzeg

Rozstępują się
straszliwe ciemności
nagromadzone nad światem
przez złych ludzi
kiedy w sercu
małego chłopca
świeci iskierka
miłości

MATERIAŁY DO DYSKUSJI (CZYTA NAUCZYCIEL)

Tak bardzo pragnąłem...

Henryk Sienkiewicz
fragm. noweli pt. "Janko Muzykant"
oprac. M. Pawlusiewicz

Urodził się mały i wątły... Nikt nie rokował mu dłuższego istnienia.
W takim zdrowiu doszedł do dziesiątego roku życia. Zawsze był chudy, opalony, z wydętym brzuchem i zapadłymi policzkami.
W zimie siadał za piecem, skulony z zimna i głodu, bo w domu brakowało wszystkiego. Do pracy też się nie porywał, bo był na to za słaby. Na jedną rzecz był tylko łapczywy, na granie. Wszędzie to granie słyszał. Czy szedł paść krowy, czy do lasu na jagody, wszędzie słyszał muzykę. Nawet mu kiedyś matula sprawiła lanie, ale co tam! Przyrzekał, obiecywał, że nie będzie już nadsłuchiwał tego grania, ale dalej je słyszał.
Czasem wystawał pod karczmą, gdzie przyczaiwszy się pod murem słuchał skrzypiec i granych na nich obertasów. Zdarzało się, że zmykał na swych bosych nóżkach do domu, słysząc głos stróża: – A, idziesz ty do domu, **utrapieńcze**?
Gdy tylko mógł słyszeć skrzypce, czy to na dożynkach, czy na weselu jakim, to już było to dla niego święto.
Potem zrobił sobie sam skrzypce z **gonta** i grał na nich od rana do wieczora.
We dworze u państwa, pewien lokaj miał skrzypce, na których grywał, by się przypodobać służącej. Janek widział je czasem wiszące naprzeciw drzwi. Pożądał ich. Chciałby przynajmniej raz mieć je w ręku.
Pewnej nocy nikogo nie było we dworze. Państwo wyjechali do Włoch, lokaj przesiadywał u swojej panny, a księżyc oświecał pokój kuchenny tak pięknie, że Janek nie mógł nie zauważyć błyszczących w jego promieniach skrzypiec.
Cichutko podchodził. Wiatr powiewał i w tym powiewie dziecko słyszało szepty: Idź Janku, nikogo nie ma, idź! Już przekraczał próg, kiedy **lelek** krzyknął: Janku, nie, nie!
Nagle z kąta izby dla służby odezwał się głos – Kto tam?
Zapałka zapaliła się, a potem... Boże! - Słychać było klątwy, uderzenia, płacz dziecka, hałas w całym dworze.
Na drugi dzień Janek stał już przed sądem u **wójta**. Zawołali Stacha, który był stróżem.
– Weź go i daj mu na pamiątkę.
Stach rozłożył go w stodole i podgiąwszy koszulinę machnął raz, drugi, trzeci...
– Matulu – krzyczał Janek. Potem coraz ciszej i ciszej... Matulu...
Na drugi dzień Janek już nie wstał. Na kilimku przy łóżku wisiały jego skrzypce z gonta.
– Matulu?
– Co synku?
– Czy Pan Bóg da mi w niebie prawdziwe skrzypce?
– Da ci synku, da! – odrzekła matka i rzuciła się z rozpaczą na stojącą obok skrzynię.
Kiedy się podniosła, twarz Janka była już nieruchoma.
– Pokój ci Janku!

Nazajutrz właściciele dworu powrócili wraz z panną i jej kawalerem. Kawaler powiedział: – *Jakim pięknym krajem są Włochy! - A jaki to kraj artystów! - Szczęściem jest wyszukiwanie talentów i popieranie ich*.

A nad Jankiem szumiały bzy.

utrapieniec – ktoś nieznośny, naprzykrzający się
gont – drewniana deszczułka
lelek – gatunek ptaka
wójt – naczelnik gminy

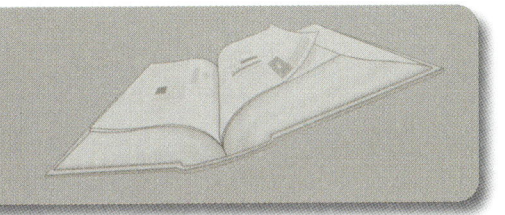

Zastanów się i odpowiedz!

1. Opisz sytuację Janka, wiejskiego chłopca żyjącego w II połowie XIX wieku.
2. Odszukaj fragmenty opisujące i charakteryzujące Janka.
3. Pofantazjuj. Przenieś Janka w czasy współczesne, do przeciętnej rodziny wiejskiej. Jak by się potoczyły jego losy?
4. Napisz *(zredaguj)* ogłoszenie, w którym zawarta będzie propozycja pomocy Jankowi.
5. Przeczytaj opowiadanie pt. "*Nie rozumieją, że ja chcę*" (str. 30) i przygotuj się do dyskusji.

Ogłoszenie to krótka, zwięzła wypowiedź dotycząca jakiejś sprawy, np. zakupu, sprzedaży, oddania w najem, sprezentowania zbędnych rzeczy, prośby o pomoc itd.
Proste ogłoszenie redagowaliście już w klasie III, kiedy poszukiwaliście zagubionego pieska. Ogłoszenia ukazują się w prasie, radiu, w Internecie.

Szersze spojrzenie na temat

Druga połowa XIX wieku czyli czasy, kiedy żył Janko Muzykant i chłopcy z "czarnego podwórka" były okresem bardzo trudnym w historii Polski. Na wsi i w miastach żyło wielu ludzi bardzo biednych. Nie stać ich było na kształcenie dzieci. Nie umiały więc ani czytać, ani pisać. Nie mogły rozwijać swoich zdolności i zainteresowań. Janko Muzykant to zmarnowany talent dziecka o dużej wrażliwości muzycznej. Nie chciał za wiele! Chciał tylko zagrać na prawdziwych skrzypcach. Posądzony o kradzież, został skazany na chłostę i zmarł.

Bądźmy wdzięczni Henrykowi Sienkiewiczowi za wnikliwe pokazanie doli waszego rówieśnika żyjącego w tak odmiennych warunkach.

Nie rozumieją, że ja chcę...

M. Pawlusiewicz

*Kiedy mam zbyt wiele, chcę więcej i więcej. Jak wygórowane mogą być moje **roszczenia**?*

Ci moi rodzice to wcale **nie idą z postępem czasu**. Mówiłem im, że mój komputer jest już przestarzały. Procesor jest za wolny i programy nie wgrywają się szybko. Dałem im przykład taty Roberta, który ostatnio kupił mu najnowocześniejszy sprzęt komputerowy, choć jego komputer miał dopiero dwa lata. Nie rozumiem ich zupełnie.–
Artur siedział podparty przy swoim biurku i znudzony grał w jakieś elektroniczne gry. Nagle do pokoju wszedł ojciec.
– I ty masz odwagę prosić mnie o najnowszy typ komputera? Do czego on ci jest potrzebny? Do tego, by grać w jakieś bzdurne gry komputerowe?–
Artur spuścił głowę i burknął coś pod nosem z **dezaprobatą**.
– Rozumiem, gdybyś korzystał z najnowszych encyklopedii lub słowników, gdybyś traktował komputer jako skarbnicę wiedzy, kupiłbym ci z ochotą.
Miałeś przygotować zadanie z polskiego na temat naszych noblistów, to wolałeś odpisać od Radka, niż potrudzić się serfowaniem w Internecie.–
– W sytuacji, kiedy traktujesz komputer tylko jako zabawę oraz możliwość rozmowy na "czatach" – wykluczone. – Stanowczo nie!
Wiedziałem w tym momencie, że nie jest to dla mnie korzystna sytuacja. Ojciec był zdecydowany.
– Przypomnij sobie – ojciec kontynuował – o co prosiłeś dwa lata temu: "Tatusiu, kup mi prawdziwy fortepian, bo ten keyboard ma za krótką klawiaturę". Kupiłem. I co?
Fortepian trzeba sprzedać, bo mimo talentu jaki masz, brakuje ci silnej woli i samozaparcia, by ćwiczyć.
– Zastanów się synu nad sobą! Przemyśl, a poźniej porozmawiamy jak mężczyzna z mężczyzną.

rościć – wymagać
iść z postępem czasu – dostosowywać się do nowych sytuacji, warunków, mody, technik, itd.
dezaprobata – niepogodzenie się z czymś, brak aprobaty (zgody), niechęć

Zastanów się i odpowiedz!

1. Jak można określić zachowanie Artura?

   Zgromadź wszystkie epitety, przy pomocy których można opisać jego zachowanie. Jeśli masz problem, spróbuj odnaleźć właściwe przykłady wśród podanych niżej:

subtelny	posłuszny	beztroski
niemiły	wymagający	egoistyczny
gburowaty	dowcipny	uparty
krnąbrny	narzucający swoją wolę	apodyktyczny

2. Spróbuj wytłumaczyć wyrażenie – **postawa roszczeniowa**. Czy ona pasuje do Artura?
3. Jeśli podobała ci się postawa ojca - to dlaczego?
   Gdybyś ty był ojcem, jakie stanowisko zająłbyś w tej sprawie?
4. Porównaj możliwości realizowania, rozwijania zdolności u bohaterów obu opowiadań.

Szersze spojrzenie na temat

Internet to światowa sieć komputerów, połączonych ze sobą za pomocą kabli i satelitów. Jak wszystkie nazwy własne *(np. imiona)* **Internet** piszemy **wielką literą**!

Internet powstał w Stanach Zjednoczonych w 1969 roku. Początkowo nosił nazwę Darpanet i skupiał zaledwie cztery komputery. Po trzech latach nazwę zmieniono na Arpanet, a sieć rozrosła się do 37 komputerów. Wkrótce Pentagon, czyli Departament Obrony USA, połączył za pomocą Internetu amerykańskie bazy wojskowe rozmieszczone na całym świecie. W 1983 roku oddzielono informacje wojskowe od cywilnych, a cztery lata później po wynalezieniu komputerów osobistych, sieć internetowa stała się dostępna dla wszystkich.

Co czytają twoi rówieśnicy w Polsce?

Wpadnij pod ten adres:
junior.reporter.pl
dino.opm.pl
www.astronomia.gery.pl
www.zero.czest.pl/astro
zjawiska.gs.pl
www.op.osw.pl
www.pgi.gov.pl
www.dinofun.com
swiatnauki.szkola.net
www.tower-of-london.com
www.oetker.pl

Emotikony – miny, buźki – kombinacje znaków z klawiatury komputera wyrażające nastrój autora poczty elektronicznej. Patrząc na nie, trzeba przechylić głowę w lewo:

:-)	uśmiech
:*)	mały wygłup
:-D	szeroki uśmiech
:–]	krzywy uśmiech
:-O	krzyczeć
:–x	ucałować kogoś
@>->-	róża
'–)	mrugnąć do kogoś

MATERIAŁY DO DYSKUSJI (CZYTA NAUCZYCIEL)

Młodzi w okresie wojny

Chłopiec z pociągu

Marian Brandys
oprac. M. Pawlusiewicz

Działo się to w czerwcu czy lipcu 1944 roku – dokładnie nie pamiętam. **Żandarmi** przechwycili nasz pociąg na małej stacyjce koło Częstochowy. Wpadli do pociągu z psem i ich zwyczajem przetrząsali wagon po wagonie. Po ostatnich klęskach na froncie każda taka obława mogła się dla pasażerów skończyć katastrofą. I ta też się tak skończyła.
Kiedy dwie ekipy kontrolujących żandarmów zbliżały się już do siebie, któryś z żandarmów znalazł ukryty za drzwiami ubikacji automat. Wiadomo, czym to groziło.
Hitlerowców ogarnął szał.
Ustawiono nas w szeregu przed pociągiem. Poprzez krzyki i ujadanie psa usłyszeliśmy groźną zapowiedź: "Ten od automatu ma się przyznać, inaczej co piąty za pięć minut zostanie rozstrzelany".
Po upływie pięciu minut dopadli nas żandarmi i zaczęli odliczać. Ktoś zemdlał, ktoś płakał, ktoś przyjął wyrok w osłupieniu!
Wtedy właśnie wystąpił ten chłopiec.
– Automat jest mój! Ja go wiozłem.
Nastąpiły dwa ciosy. Chłopiec upadł, ale zaraz szybko się podniósł. Był to młody chłopak, może kilkunastoletni, o zupełnie dziecięcej sylwetce. Ale było w tym chłopcu coś ujmującego. Jakaś wrażliwość, a może nieśmiałość?
O Boże, jak bardzo kochaliśmy wtedy tego chłopca! Staliśmy się mężczyznami i chyba każdy byłby gotów oddać za niego życie. Kiedy myśleliśmy, że już nic nie uchroni tego chłopca od śmierci, nagle rozległ się przeraźliwy krzyk:
– **Herr sturmführer**! Herr sturmführer!
Od końca pociągu biegła grupka podnieconych ludzi. Trzech konduktorów wlokło opierającego się zupełnie pijanego niemieckiego żołnierza ochrony kolei, krzycząc: "To to pijane zwierzę zostawiło w polskim ustępie automat i poszło spać do niemieckiej części pociągu".
Niemcy zbaranieli.
SS-man przez chwilę ważył w sobie decyzję, w końcu podszedł do chłopca, stanął na baczność, zasalutował i wyciągnął do niego rękę. Ale ręka ta zawisła w powietrzu. Chłopak odwrócił twarz zalaną krwią i macając przed sobą jak ślepiec, wrócił do pociągu.
Kiedy nachyliliśmy się nad nim, powiedział:
– Ja mogłem to zrobić, chociaż przysiągłem mamie, że nie będę się narażał. Mama dotąd przeżywa śmierć moich dwóch braci, należących kiedyś do organizacji podziemnej. Ja nie należę do żadnej organizacji. Nikogo bym nie wsypał.

żandarm – niemiecki policjant
Herr – pan (niem.)
sturmführer – niemiecki niższy stopień oficerski

Zastanów się i odpowiedz!

1. Gdzie i kiedy rozgrywa się akcja opowiadania "Chłopiec z pociągu"?
2. Opisz sytuację jaka zaistniała w pociągu.
3. Scharakteryzuj głównego bohatera.
4. Na czym polegało jego bohaterstwo?
5. Jak sądzisz, czy w stu procentach dotrzymał obietnicy danej mamie?
6. Przeczytaj następną czytankę i porównaj życie młodzieży w okresie wojny i pokoju.

7. Podziel opowiadanie na części. Nadaj im tytuły.

Marian Brandys był pisarzem lubiącym tematykę historyczną, ale pisał też o czasach nam współczesnych.
Jako młody człowiek przeżył II wojnę światową, był nawet więźniem obozu w Niemczech.
Oprócz utworów poważniejszych pisał też utwory dla młodzieży np. "*Śladami Stasia i Nel*", "*Z panem Biegankiem w Abisynii*".

Czytajcie je "do poduszki"!

1912- 1998

Szersze spojrzenie na temat

Młodzi dzisiaj – jacy są?

Młodzi dzisiaj – jacy są, czego szukają?
Można by powiedzieć, że są tacy jak zawsze, bo jest coś w człowieku, co nie podlega zmianom...

W przeszłości młode pokolenia kształtowały bolesne doświadczenia: wojny, obozy koncentracyjne, ciągłe zagrożenia.
Pod tym względem pokolenie współczesne wzrasta w innych warunkach.
Młodzież zawsze poszukiwała pięknej miłości i oczekiwała czystej miłości...

fragm. "Przekroczyć próg nadziei"
Jan Paweł II

33

Młodzi w okresie pokoju
Pierwsza randka
Hanna Ożogowska
fragm. powieści "Za minutę pierwsza miłość"
oprac. M. Pawlusiewicz

Jutro opowiem Irce, Heli Oberskiej, a może i Dorocie. Wszystko im opowiem. Nie tylko one będą się przechwalać swoimi sercowymi podbojami! – pomyślała Ewa, umawiając się w bibliotece z Wojtkiem Stefanowiczem.
Jaki on miły, przystojny, elegancki! Tylko trochę mało rozmowny.
Czekała na niego przy bramie Łazienek, a kiedy przyszedł, zauważyła, że zrobiła na nim ogromne wrażenie. Wiedziała, że dobrze wygląda: bluzka w zielone grochy, oczy na zielono... A Wojtek patrzył, patrzył, wzroku wprost od niej nie mógł oderwać ani słowa wydobyć. Patrzył jej w oczy i niespokojnie rozglądał się na boki. Może sprawdzał, czy inni widzą z jaką elegancką i ładną osobą się przechadza?
– Chodźmy tędy, boczną, mało uczęszczaną alejką – zaproponował Wojtek.
– Ach, te liście...– mówi Ewa – Gdyby one umiały mówić...
– O, tak – zgadza się Wojtek. – Mogłyby ci dużo powiedzieć na przykład, że...
Wojtek podnosi kilka liści, podaje Ewie.
Dlaczego on tak milczy – niecierpliwi się Ewa. Czy czuje się onieśmielony moim pięknym wyglądem? Dobrze, że ja mam takie gadanie, bo byłoby zupełnie nieciekawie.
– No, powiedz coś – zachęca Ewa. – Przecież widzę, że chciałbyś mi coś powiedzieć.
– Chciałbym, ale jakoś nie mam odwagi....

– Babciu! – woła Ewa od progu. – Ach, co za kolorowe drzewa w parku! Jestem zupełnie odurzona!
Babcia przygląda się jej uważnie.
– Dziecko... Jak ty wyglądasz?
Ewa nie rozumie. Zielony tusz z powiek przecież starła przed wejściem do domu.
– Zobacz sama. – Babcia zdjęła lusterko ze ściany.
Ewa skamieniała... Niby te same usta, nos, oczy, ale nad tymi oczami widać było grube, fioletowe krechy!...
Dobrze, że babcia skończyła prasowanie i mogła z nią usiąść i pozwolić wypłakać się na piersi.
– Ten wstrętny anilinowy ołówek, który pomyliłam z zieloną kredką! Babciu jestem zgubiona.
– Zgubiona?

– Zaraz babci wszystko opowiem...
– Tragedii tu żadnej nie widzę, a o nim to dobrze świadczy. Jest dyskretny, prawdziwy dżentelmen.
– A co on o mnie pomyśli?
– Potraktuj to z humorem!
– Czy babcia nie ma litości?
– Mam, ale na inne okazje.

Zastanów się i odpowiedz!

1. Odszukaj fragmenty opowiadania, które opisują Wojtka, i takie, które Wojtka oceniają.
2. Opisz wygląd Ewy.
3. Jak zachowywał się Wojtek widząc Ewę w niezbyt udanym makijażu?
4. Jak babcia oceniła Wojtka?
5. Co doradziła Ewie?
6. Wyjaśnij, dlaczego wobec ludzi, na których nam zależy, zachowujemy się nienaturalnie, upiększamy się, pozujemy na bardziej interesujących.
7. Czy potrafisz śmiać się z siebie?
8. Porównaj życie młodzieży w okresie wojny i pokoju.

Dla ambitnych

9. Wyobraź sobie, że to Wojtek opowiada o swojej randce. Napisz opowiadanie z Wojtkiem w roli narratora.

Zagadnienia do dyskusji

Wiele jest ludzkich charakterów. Każdy z was jest inny, inaczej się zachowuje.

- Gdzie według Ciebie leży przyczyna błędów w wychowaniu dzieci przez: rodziców, nauczycieli, wychowawców i trenerów?

- Gdybyś był/była nauczycielem/nauczycielką jaka byłaby twoja reakcja na naganne zachowanie uczniów podczas lekcji?

- Jak ty starałbyś się (starałabyś się) wychować swoje dzieci, by były szczęśliwe, ale grzeczne?

Hanna Ożogowska – pisarka i poetka. Jej powieści: "*Złota kula*", "*Ucho od śledzia*" "*Głowa na tranzystorach*", "*Za minutę pierwsza miłość*" są chętnie czytane przez młodzież w waszym wieku.
Autorka była stałą współpracownicą czasopism dla młodzieży. Szczególnie dużo pisała dla "*Płomyka*".

Pytajcie w bibliotekach o młodzieżowe pozycje Hanny Ożogowskiej!

1904-1995

Szersze spojrzenie na temat

Rodzice i nauczyciele zawsze dbali o wychowanie dzieci i młodzieży.
Nie wszystkie dzieci mogły korzystać z dobrych szkół, ale rodzice zazwyczaj starali się o to, by wychowywać je przez dobry przykład.
Bo – "wychowywać to nie tylko nakazywać, zakazywać, ale rozwijać umysł, kształcić całego człowieka, jego serce i charakter".

Wychowanie odbywa się nie tylko poprzez słowa, ale i czyny, które je potwierdzają.
Wychowanie to wspólne zadanie rodziców, szkoły, prasy, radia, telewizji.
Wychowanie to wspólna odpowiedzialność.
Niestety, nie zawsze bywa tak, jak być powinno. Rodzice zajęci pracą nie mają wystarczająco dużo czasu dla dzieci. A te, wykorzystując nieuwagę rodziców, często szukają mocnych wrażeń, przygód, bez względu na konsekwencje.

Programy telewizyjne przedstawiające wiele brutalności, kształcą w dziecku agresję i obojętność na krzywdę ludzką.
Niezdrowe koleżeństwo, łatwy dostęp do narkotyków prowadzi do szybkiego upadku moralnego. Wielu już dzisiaj zastanawia się, jakich korekt czyli zmian należy dokonać w domu, szkole, telewizji, w filmach, w Internecie, by młodzież rozwijała się prawidłowo, by wzrastała w warunkach bezpiecznych, pełnych miłości, tolerancji i zgody.

Każde ambitne dziecko, które wie do czego dąży, może napotykać na swej drodze niepowodzenia i porażki.
Znany polski kompozytor i polityk – *Ignacy Jan Paderewski* w rozmowach z młodzieżą radził i dodawał młodym otuchy, mówiąc:

- *Zawsze bądź dzielny! Idź dalej! Pnij się wyżej!*
- *Staraj się być wybitnym, pomagaj Polsce.*
- *Staraj się rozumieć muzykę i poezję, będziesz przez to wrażliwszy.*
- *Graj w szachy, to rozwija umysł!*
- *Dużo czytaj! Wyrabiaj w sobie dyscyplinę samokształcenia.*
- *Zwalczaj swoje wady.*
- *Ucz się, bo wiedza jest twoją zdobyczą i obroną.*
- *Nie martw się, że jesteś rudy!* (Ignacy Paderewski miał, jak pamiętacie, rudą czuprynę, ale z tego powodu nie miał wcale kompleksów.)

W RYTMIE SERC ROZDZIAŁ III

Śpieszmy się kochać ludzi -

tak szybko odchodzą

ks. Jan Twardowski

Ofiara

Miłość

Przyjaźń

Solidarność

Pamięć o zmarłych

PAMIĘTAJMY O TYCH, KTÓRZY ODESZLI

Zaduszki
Joanna Kulmowa

Nie wiem, co to jest umieranie –
znam te smutne białe świece przy ścianie.

Nie wiem, co to znaczy odchodzenie –
tylko wiem, jak gorzko pachnie czarny wieniec.

Nie wiem, co to są śmiertelne rany
przecież znam ten grób przez matki opłakany.

Może pięknie w tej czerni.
Może pięknie w tej bieli.

Ale nie chcę, aby chłopcy tak ginęli.

Zastanów się i odpowiedz!

1. Jakie pytania zadaje sobie autorka wiersza "Zaduszki"?
2. Co już zna z własnego doświadczenia i jak to poetycko opisuje?
3. Do jakich wniosków dochodzi w ostatnich strofach wiersza?
4. "Umieranie, odchodzenie, śmiertelna rana" – Co mają wspólnego te określenia?
5. Wyjaśnij zdanie: *Życie jest krótkie, a Ziemia zbyt mała, by robić sobie z niej pole bitwy.*

CO ROBIĘ DLA INNYCH

Przypowieść o długich łyżkach

Małgorzata Musierowicz
fragm. powieści. pt. "Dziecko piątku"
oprac. M. Pawlusiewicz

"Któż nam właściwie przeszkadza w tym, abyśmy sami robili to, czego oczekujemy od drugich?"

Kurtmartin Magiera

Ale się uśmiałam – powiedziała zagadkowo mama, odkładając książkę na bok. Laura natychmiast spojrzała na nią z ciekawością. – I co? – zapytała.
– Wiesz, czytałam ciekawe opowiadanie o długich łyżkach.
– Dlaczego o długich? – zaciekawiła się Laura. – Mamo opowiedz!
– Zaraz ci opowiem!
Mama usiadła w fotelu, zapaliła świecę i wzięła Laurę na kolana.
– ...Pewien człowiek chciał zobaczyć, jak jest w **zaświatach**. Pozwolono mu zajrzeć tam na chwilę. Zobaczył wielki **kocioł** z bardzo pyszną potrawą...
– Był to **eintopf**, jak przypuszczam – wtrąciła dowcipnie Laura.
– ...a wokół tego kotła siedzieli bardzo smutni ludzie. Byli okropnie głodni i wychudzeni, bo mieli łyżki o tak długich trzonkach, że chociaż mogli nimi zaczerpnąć z kotła – nie mogli ich włożyć do ust. Przykry to był widok.
Zaraz potem wpuszczono tego człowieka do pokoju obok. Był tam taki sam wielki kocioł z tą samą pyszną potrawą i tak samo długie były trzonki łyżek. Ale ludzie siedzący naokoło kotła byli weseli i zadowoleni. Po prostu – wpadli na to, żeby podawać sobie nawzajem jedzenie, na tych długich łyżkach. Każdy karmił drugiego, nie siebie. I wszyscy się najedli. I wiesz co? Okazało się, że to właśnie było niebo.
Córeczka spojrzała na mamę z uznaniem i pewną zazdrością.
– Ty zawsze trafisz na jakieś dobre **anegdotki**, mamusiu. Zapamiętam sobie o tych łyżkach.
– O to właśnie chodzi, żebyś tę przypowieść zapamiętała. Ale teraz zastanów się moja droga, jaki jest sens tej przypowieści.
– To brzmi jak bajka albo opowieść biblijna.
– Nazwij ją jak chcesz – odpowiedziała matka – ale historyjka ta wyjaśnia, że nie wolno żyć tylko dla siebie, bo to nie tylko nieładnie, ale nawet niezdrowo. Może w ogóle jesteśmy po to, by pomagać innym?
Laura objęła mamę i mocno się do niej przytuliła.
– Ty to naprawdę żyjesz dla innych, ale za to też cię kocham mamo.
– Ja też cię kocham, córeczko.
Zakołysała ją w ramionach.

---

zaświaty – świat pozagrobowy
kocioł – olbrzymi gar, często nad palącym się ogniskiem
eintopf – z jęz. niem., gęsta zupa przyrządzona z wielu składników, stanowiąca jeden, pełnowartościowy posiłek.
anegdota – zwięzłe opowiadanie o dowcipnym, zaskakującym zakończeniu

Zastanów się i odpowiedz!

1. Opisz zachowanie ludzi w obu pomieszczeniach.
2. Dlaczego drugi pokój okazał się niebem?
3. Przyjrzyj się sobie w lustrze i "zajrzyj w głąb swojego sumienia". Gdzie ulokowałbyś/ulokowałabyś siebie: w pierwszym, czy drugim pokoju?
4. Czy w otaczającym cię świecie, wśród kolegów, ludzi starszych spotkasz osoby podobne do bohaterów z nieba i piekła? Podaj przykłady.
5. Czego uczy ta przypowieść? Jak należy żyć, by znaleźć się w tym pokoju, który nazwano niebem?

> **Przypowieść** – to zwięzłe opowiadanie moralno-dydaktyczne.
> To opowiadanie, które uczy nas właściwej postawy moralnej, właściwego zachowania. **Często porównuje dwie sytuacje, aby zobrazować dwie różne postawy moralne.**

Niebo (raj) – według opowieści biblijnych to miejsce, gdzie dusza ludzka wędruje po śmierci.
Niebo jest nagrodą za dobre uczynki, miłość, ofiarę, życie według **dekalogu**.

dekalog – 10 przykazań, wyrytych na dwóch kamiennych tablicach, które Bóg przekazał Mojżeszowi na górze Synaj

fragm. fresku w kaplicy w Mantua – mal. Andrea Mantegna

Sklepienie niebieskie *(firmament)* w obrazach malarzy ma kolor niebieski.

Piekło – według opowieści i legend biblijnych to miejsce pokuty za złe uczynki.

Pracuj nad rozwojem słownictwa!

KOLOR "NIEBA" MA RÓŻNE ODCIENIE:

▬▬	niebieski	▬▬	chaber – chabrowy
▬▬	błękit	▬▬	granat – granatowy

niebieski ptak – mówimy o człowieku, który jest lekkomyślny, nie lubi pracować, jest na czyimś utrzymaniu, próżniak

niebosiężny – sięgający nieba, wysoki
np. niebosiężne góry

uchylić komuś nieba – być dla kogoś bardzo dobrym. Zrobić dla kogoś wszystko aby mu sprawić radość.
np. Wojtuś kochał Kasię tak mocno, że nieba by jej uchylił.

o niebo – o wiele... lepszy, ładniejszy, zdrowszy
np. Teraz mama czuje się znacznie lepiej. Sama powiedziała, że czuje się o niebo lepiej.

niebo w gębie – wyrażenie zachwytu nad wybornym smakiem czegoś
np. Te lody z orzechami to niebo w gębie. – Uwierz mi!

Szersze spojrzenie na temat

■ **Żeby być dobrym, nie wystarczy nie robić nic złego.**

Jeśli nie krzywdzisz swojego kolegi, nie przezywasz, nie *szydzisz* - zachowujesz się właściwie.
Ale jeśli pomagasz mu w nauce, w przezwyciężaniu jego nieśmiałości, zapraszasz do wspólnej zabawy – czynisz dobro.

szydzić – wyśmiewać złośliwie

■ **Zapamiętaj!**
Nie wystarczy tylko przestrzegać zasad.
RÓB COŚ WIĘCEJ!
Pomagaj, dawaj, stawaj w czyjejś obronie.

■ **Staraj się działać zgodnie ze swoim sumieniem**, czyli twoim wewnętrznym odczuciem, które pomaga ci podjąć właściwą decyzję.
Zauważ, że gdy zrobisz coś złego, twoje sumienie dręczy cię, odczuwasz wstyd, żałujesz, że to zrobiłeś.
Jeśli zrobiłeś coś niezgodnego "z głosem sumienia" – przyznaj się do tego, przeproś.

UCZMY SIĘ SOLIDARNOŚCI

*W obliczu zagrożenia
podawaj innym pomocną dłoń,
zawsze i solidarnie.*

Mała bohaterka
*Autor nieznany
oprac. M. Pawlusiewicz*

W dżungli pełnej dźwięków i kolorów żyła równie kolorowa, wesoła i żywiołowa papuga. Nazywała się Franciszka i gdziekolwiek przebywała, potrafiła zarazić wszystkich swą wielką radością życia. Nawet małpy, które nie znosiły papug, chętnie się z nią bawiły. Była szczęśliwym ptakiem, wdzięcznym za życie i za to, że otrzymała parę skrzydeł do fruwania.

Pewnego pochmurnego dnia, niebo w puszczy stało się niespodziewanie czarne i groźne. Ciężka cisza, pełna lęku, spowodowała, że papugi skupiły się jedna przy drugiej. Silny wiatr wywracał gniazda, wyrzucając z nich małe papużki, które nie umiały jeszcze fruwać.
Potem zaczęły się grzmoty i błyskawice. Ogniste bicze spadały z nieba i uderzały bez litości w stare pnie. Nieoczekiwanie ukazał się płomień.

- Ogień! Ratuj się kto może! – wszystko, co żyło w puszczy wykrzykiwało jednocześnie swój lęk. Tysiące zwierzątek zaczęło uciekać, ale ostry, nieprzenikniony dym zapierał oddech, drażnił oczy oraz uniemożliwiał znalezienie dróg ucieczki.
Papuga Franciszka fruwała zadyszana, starając się kierować innymi, mniejszymi i bardziej przerażonymi. – Tamtędy! Lećcie tam! Rzeka płynie po tamtej stronie!

Franciszka zamiast uciekać przed niebezpieczeństwem jak niektóre ptaki, nadal fruwała nad najbardziej nieszczęśliwymi, starając się im pomóc.
Rozpacz podpowiedziała Franciszce pewien pomysł. Poleciała nad rzekę i tam zanurzyła się cała w wodzie. Potem wypłynęła mokra i pofrunęła do piekła płomieni trzepocząc piórami. Krople wody spadały z jej skrzydeł na powiększający się ogień.
Nie bacząc na niebezpieczeństwo powracała nad rzekę i znów się w niej zanurzała. Potem szybko

42

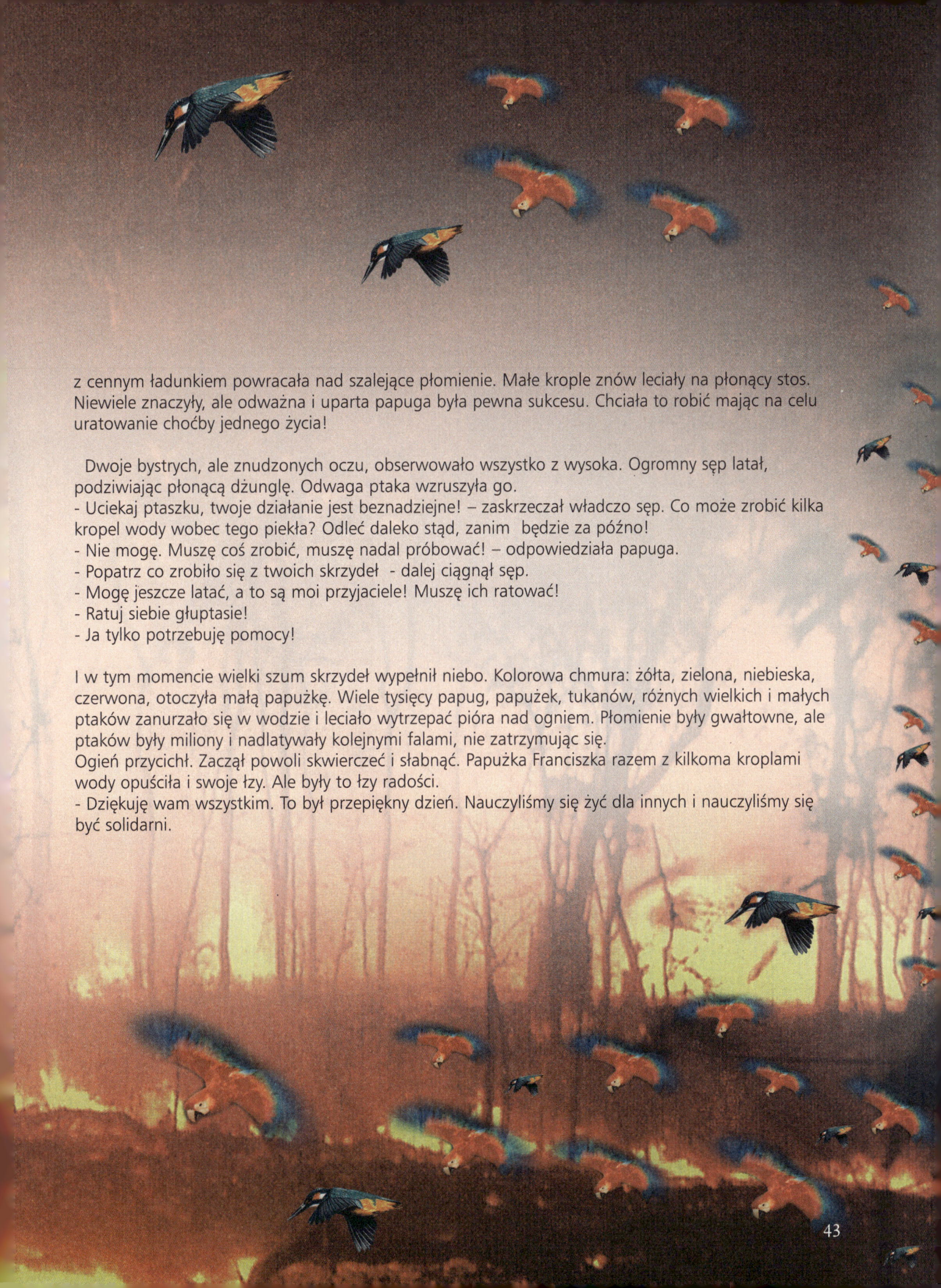

z cennym ładunkiem powracała nad szalejące płomienie. Małe krople znów leciały na płonący stos. Niewiele znaczyły, ale odważna i uparta papuga była pewna sukcesu. Chciała to robić mając na celu uratowanie choćby jednego życia!

   Dwoje bystrych, ale znudzonych oczu, obserwowało wszystko z wysoka. Ogromny sęp latał, podziwiając płonącą dżunglę. Odwaga ptaka wzruszyła go.
- Uciekaj ptaszku, twoje działanie jest beznadziejne! – zaskrzeczał władczo sęp. Co może zrobić kilka kropel wody wobec tego piekła? Odleć daleko stąd, zanim będzie za późno!
- Nie mogę. Muszę coś zrobić, muszę nadal próbować! – odpowiedziała papuga.
- Popatrz co zrobiło się z twoich skrzydeł - dalej ciągnął sęp.
- Mogę jeszcze latać, a to są moi przyjaciele! Muszę ich ratować!
- Ratuj siebie głuptasie!
- Ja tylko potrzebuję pomocy!

I w tym momencie wielki szum skrzydeł wypełnił niebo. Kolorowa chmura: żółta, zielona, niebieska, czerwona, otoczyła małą papużkę. Wiele tysięcy papug, papużek, tukanów, różnych wielkich i małych ptaków zanurzało się w wodzie i leciało wytrzepać pióra nad ogniem. Płomienie były gwałtowne, ale ptaków były miliony i nadlatywały kolejnymi falami, nie zatrzymując się.
Ogień przycichł. Zaczął powoli skwierczeć i słabnąć. Papużka Franciszka razem z kilkoma kroplami wody opuściła i swoje łzy. Ale były to łzy radości.
- Dziękuję wam wszystkim. To był przepiękny dzień. Nauczyliśmy się żyć dla innych i nauczyliśmy się być solidarni.

Zastanów się i odpowiedz!

1. Opowiedz zdarzenie w dżungli według kolejności wydarzeń.
2. Opisz wygląd papugi i oceń jej postawę. Postaraj się dobrać znane ci przymiotniki oceniające, którymi charakteryzowała się Franciszka.
3. Oceń stanowisko sępa.
4. Wyszukaj w tekście opis zaangażowania się całej społeczności ptaków dla ratowania puszczy.
5. Wyobraź sobie podobną sytuację wśród ludzi. Jakie ludzkie postawy mógłbyś zaobserwować?
6. Napisz wypracowanie, w którym dasz przykład heroicznego bohatera z przeczytanej powieści, filmu lub faktycznego zdarzenia (*Pisząc wypracowania zawsze korzystaj ze słowników*).

solidarny - współpomocny, współodpowiedzialny
solidarność - wzajemna pomoc

solidaryzowanie się z grupą - poczucie przynależności do grupy, identyfikowanie się z nią, więź z grupą, współodpowiedzialność za nią, szczególnie w okresie zagrożenia z zewnątrz

SOLIDARNOŚĆ - ruch polityczny powstały w latach 80-tych przeciw władzy komunistycznej w Polsce, związek pracowników

Szersze spojrzenie na temat

Człowiek, tak jak ta papuga, zdolny jest do wielu heroicznych działań.

- Ilu strażaków bohatersko walczy z żywiołem ognia?
- Ilu z nich wynosi ludzi z płonących domów?
- Ilu przypadkowych ludzi ratuje tonących?
- Ilu ludzi oddaje swoją krew, by ratować czyjeś życie?
- Ilu wreszcie podpisuje zgodę na pobranie organów w wypadku swojej śmierci?

Te sytuacje można mnożyć.

UCZMY SIĘ MIŁOŚCI

– Pamiętam, że jako małe dziecko modliłam się, aby zostać dobrą i wtedy w moich snach pojawiało się takie cudowne drzewo, które karmiło ludzi owocami miłości. Drzewo to nie słuchało pór roku, nie bało się mrozu, ciągle rozdawało swoje owoce...
To prawda, owoce serca nie boją się zimy.

Drzewo miłości

Czesław Rodziewicz
oprac. M. Pawlusiewicz

Na dworze królewskim było wielkie święto. Pogoda dopisała, więc tron królewski wyniesiono na dziedziniec pałacu.
   Jego Okrutność przy dźwiękach werbli zaczął przyjmować gości. Wygłoszono mowy, złożono dary. Kiedy co znakomitsi obywatele odeszli od tronu, do króla Okrutności zbliżył się Poeta, trzymając w dłoni maleńkie nasionko.
– O, Najjaśniejszy – rzekł. – Przynoszę ci w darze nasionko miłości.
Król poczerwieniał. Jego oblicze zawsze groźne, stało się jeszcze straszniejsze. Już miał wydać rozkaz ścięcia głowy zuchwałemu Poecie, kiedy stary mędrzec z brodą nachylił się do ucha Jego Okrutności i szepnął: – Zaczekajmy, co powie dalej.
– Nasionko to – ciągnął Poeta – posadzić może jednak tylko małe, niewinne dziecko. Ilekroć, o Najjaśniejszy, spełnisz jakiś dobry uczynek, na drzewie wyrośnie nowy liść.

Nie minęło kilka chwil, a już dzieciątko swoją małą łopatką wykopało dołek, wsadziło nasionko i uklepało ziemię.
W **okamgnieniu** wyrosło drzewko. Malec uniósł z lękiem głowę i spojrzał na króla. Król z oporem wyciągnął dłoń i już chciał go pogłaskać, gdy stary mędrzec powiedział prędko:
– Rękawice! Proszę zdjąć rękawice!
Król zdjął rękawice i pogłaskał główkę dziecka.
– Patrzcie, drzewko puściło pędy! – krzyczał tłum.
– O, liść wyrósł na drzewku miłości – ktoś zauważył.
Król wziął dziecko na swoje kolana i kolejny liść się zazielenił.
Posypały się brawa.
– Chcesz może zabawkę? – zapytał dzieciny.
– A chlebek król ma? Bo nic dzisiaj nie jadłem.
Królewscy słudzy przynieśli na złotych tacach chleb posmarowany miodem. Dziecku zaświeciły się oczy.

Rys. Ewa Sterniuk

– A dla mamusi mogę wziąć?
– Możesz i dla tatusia!
Na twarzy króla pojawił się uśmiech, a tłum oznajmił o pojawieniu się następnego listka.
– Tatuś w więzieniu, bo ukradł chleb z piekarni.
Zasępiło się oblicze króla.
– A dużo takich więzień?
– Tak królu, bo takie jest twoje prawo.
– Rozkazuję zmienić prawo!
Na drzewku pojawiły się piękne świeże listki. Król przytulił maleństwo do siebie, a z jego oczu popłynęły łzy.
Zauważył to stary mędrzec, podszedł do króla i złapał jedną łzę do ozdobnego **puzderka**.
– To najpiękniejszy klejnot w moim życiu, długim życiu. To łza miłości.
Promieniujący miłością król kazał wezwać Poetę, ale on nie czekał na nagrodę.
Poszedł dalej rozsiewać miłość....

---

w okamgnieniu – *nagle, bardzo szybko*
puzderko – *ozdobne pudełko na biżuterię*

Zastanów się i odpowiedz!

1. Jakie rządy sprawował król? Czy była to demokracja? Uzasadnij swoje odpowiedzi. Odszukaj i przeczytaj odpowiednie fragmenty potwierdzające twoją wypowiedź.
2. Dlaczego Poeta wybrał dziecko do zasiania drzewka miłości?
3. Jakie pytania zadałbyś/zadałabyś królowi przed rozpoczęciem uroczystości, a jakie po zakończeniu?
4. Kiedy płaczemy i czego oznaką mogą być łzy?
5. Podaj antonim wyrazu smutek.
6. Podaj przykłady zachowań ludzi, które mogą wywołać uczucia radości, ale i żalu, smutku czy strachu?
   Obraz poniżej przypomina drzewo smutku, rozgoryczenia, jadu, nienawiści, chłodu, zmrożenia.
7. Zaprojektuj plakat lub narysuj obraz przedstawiający drzewo radości, szczęścia i miłości.

Pracuj nad rozwojem słownictwa!

miłość
może być:
- wierna (godna zaufania, bez zdrady)
- szczera (otwarta, bez zakłamań)
- mocna (trwała, nierozerwalna, niezachwiana)
- wzajemna (obustronna)
- stała (niezmienna)
- głęboka

znane uczucia:
– żal, smutek, przykrość, rozgoryczenie
– miłość, radość, szczęście, przyjemność
– litość, współczucie, zadośćuczynienie

Poćwicz:

1. Dobierz do czasowników właściwe uczucia (rzeczowniki):

   odczuwam – **lęk, strach**
   ogarnia mnie – ....
   ściska serce – ....

2. Do rzeczowników będących nazwami uczuć, dobierz właściwe przymiotniki:

   radość – ***ogromna, wielka***
   żal – ....
   smutek – ....
   przyjaźń – ....

- **miłośnik muzyki** – meloman *(patrz kl. V – kącik melomana)*

- **niczym nie zmącona miłość** – sielanka, idylla
    *np. Moi rodzice tak się kochają, jakby byli dopiero co po ślubie.
    To naprawdę idylla.*

- **przesadna miłość własna** – samolubność, egoizm
    np. Tomek kocha tylko siebie. To taki samolub, sobek, egoista.

- **miłość od pierwszego wejrzenia** – zakochanie się, natychmiastowe zauroczenie
    np. Kasia z Wojtkiem to miłość od pierwszego wejrzenia.

- **stara miłość nie rdzewieje** – ponowne zauroczenie, odrodzona miłość
    *np. Ciocia wychodzi za mąż! Wyobraź sobie, że spotkała po latach
    swoją byłą sympatię.
    Hmm... – stara miłość nie rdzewieje.*

4 UCZMY SIĘ MIŁOŚCI I OFIARY

Dobrych ludzi nikt nie zapomina.
Safona
Miłości nie udowadnia się słowami, ale czynami.
M. Gogol

Matka Teresa z Kalkuty (*Agnieszka Bojaxhiu*) – Albanka urodzona w Jugosławii była siostrą zakonną, misjonarką. Na prośbę papieża opuściła klasztor i oddała się służbie biednym, kalekim i trędowatym w Indiach. Podziwiana za swą ofiarną pracę przez cały świat została nagrodzona **pokojową Nagrodą Nobla** (1979r.). Zmarła 5 września 1997 roku w wieku 87 lat. Została nazwana wielką misjonarką miłości. 19 października 2003 roku została ogłoszona błogosławioną.

Miłość jest skromna.

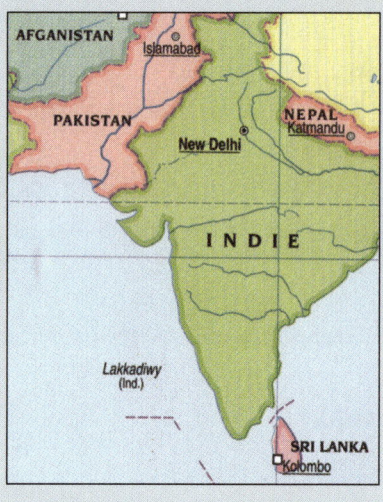

matka teresa z kalkuty

Dariusz Tomasz Lebioda

odziane w **sari** za kilka **rupii**
leży bezwładnie
ciało matki
teresy

przychodzą ludzie
trędowaci głodni
brudni

kłaniają się i mówią
**hare kriszna hare
hare**

i mówią **ave maria
gratia plena**

jej okaleczeni synowie
cierpiące córki

– podobno przyśniło się
jej kiedyś że stanęła
u bram niebieskich
a święty Piotr powiedział:
wracaj – nie mamy tu
slamsów –

48

no i wróciła do swych kalek
i niechcianych dzieci

wróciła do sióstr strażniczek
gorzkiego miłosierdzia

dobry boże znajdź dla niej
jakieś **laprozoria** niebieskie

znajdź dla niej kalekich
aniołów i zapomnianych
świętych

pozwól przez całą wieczność
opatrywać rany
twojemu
synowi

---

sari – suknia ułożona w określony sposób z długiego prostokąta tkaniny, noszona w Indiach
rupia – waluta obowiązująca w Indiach, Pakistanie i Nepalu
hare kriszna hare hare – słowa modlitwy wyznawców religii hinduizmu
ave maria gratia plena (łac.) – "Zdrowaś Mario, łaskiś pełna"
slamsy – dzielnice wielkich miast zamieszkałe przez biedotę
laprozoria – zamknięte zakłady lecznicze dla ludzi chorych na trąd

Zastanów się i odpowiedz!

1. Wyjaśnij, na czym polegała działalność Matki Teresy z Kalkuty.
2. Wyjaśnij zdanie: Miłość jest skromna.
3. **Pomyśl, dlaczego autor wiersza rozpoczyna wszystkie wersy małą literą?**
4. Wyszukaj w tekście poszczególne obrazy poetyckie:
   – pożegnanie zmarłej przez biedaków
   – wizyta w niebie
   – Matka Teresa wśród biedaków
5. Wytłumacz sentencję. "*Czasem miłość wymaga ofiary*".

7. Na podstawie wiersza, wywiadu przeprowadzonego przez Anię *(na następnej stronie)* oraz informacji z Internetu napisz, czego dowiedziałeś/dowiedziałaś się o Matce Teresie z Kalkuty.

Ania prosi o wywiad...

"Świat Misyjny", nr 2/1989 (przedruk)

Ania: Mówią o Tobie Matka Teresa z Kalkuty, a przecież nie urodziłaś się w Kalkucie.
Matka Teresa: Masz rację. Z pochodzenia jestem Albanką, a urodziłam się w Skopie w Jugosławii.

A.: A czy Teresa to Twoje prawdziwe imię?
M.T.: Jest to moje imię zakonne. Wybrałam je ze względu na wielkie nabożeństwo do św. Teresy od Dzieciątka Jezus. Tak naprawdę nazywam się Agnieszka Bojaxhiu.

A.: Czy pamiętasz, kiedy pierwszy raz pomyślałaś o tym, żeby zostać misjonarką?
M.T.: Miałam 12 lat, kiedy do naszej parafii przyjechał misjonarz z Indii i opowiadał o swojej pracy. Od tamtej pory marzyłam, aby również tam pojechać i pomagać biednym ludziom. Wtedy jednak nie myślałam jeszcze o tym, aby zostać zakonnicą.

A.: A czy to nie jest konieczne, aby wyjechać na misje?
M.T.: Dziś już nie. Obecnie wielu świeckich misjonarzy pracuje w krajach misyjnych, ale wtedy, ponad 60 lat temu, kobiety tylko jako zakonnice mogły wyjechać do pracy misyjnej.

A.: W jaki więc sposób trafiłaś do ludzi biednych?
M.T.: Wyjeżdżałam z Kalkuty na miesięczne rekolekcje. Aby uniknąć upału, wybrałam nocny pociąg. Dopiero wtedy zobaczyłam ogromną nędzę tego miasta – tłumy głodnych i chorych ludzi. Widok cierpiących dzieci i ludzi dorosłych głęboko mną wstrząsnął. Wiedziałam już, że nie mogę pozostać obojętna na ich los.

A.: Czy zaraz po tym wydarzeniu wyszłaś do ludzi ulicy?
M.T.: Nie. Dopiero po dwóch latach otrzymałam pozwolenie – i to od samego papieża – na opuszczenie klasztoru. Początkowo czułam się bardzo zagubiona i przestraszona, ale byłam pewna, że to, co robię, podoba się Panu Bogu i, że On sam będzie się o mnie troszczył. Najpierw nauczyłam się robić zastrzyki i opatrywać rany, bo prawie wszyscy ludzie, których spotykałam, byli chorzy.

A.: Czy ktoś Ci w tym pomagał?
M.T.: Po kilku miesiącach dołączyła do mnie dawna uczennica, a potem jeszcze kilka innych dziewcząt. Kiedy już było nas 10, złożyłam prośbę w Rzymie o zatwierdzenie nowego zgromadzenia o nazwie Misjonarki Miłości. Naszym strojem stało się sari, w którym chodzą wszystkie hinduskie kobiety. Miało ono biały kolor, który w Indiach przeznaczony jest dla ludzi, którzy nic nie znaczą. Najważniejszym elementem był jednak mały krzyżyk, który zawsze przypominał o krzyżu, który niósł Pan Jezus.

A.: Czy jako zgromadzenie zakonne mogłyście bardziej wspomagać biednych?
M.T.: Oczywiście. Najpierw otworzyłyśmy dom dla ludzi umierających. Zabierałyśmy ich z ulicy, by choć na kilka godzin przed śmiercią byli otoczeni opieką i miłością.

A.: Wiem, że również dzieci otoczyłyście szczególną opieką.
M.T.: Każde dziecko jest wielkim darem od Pana Boga. Żeby mogło żyć i rozwijać się prawidłowo, potrzebuje dużo miłości. W Kalkucie jest mnóstwo dzieci porzuconych. Znajdowałam je na ulicach i śmietnikach. Przynoszono je do nas ze szpitali, gdzie pozostawiały je własne matki, ponieważ nie miały możliwości ich wyżywienia.

A.: A skąd bierzecie środki na pomoc dla wszystkich ludzi? Przecież siostry – opiekując się biedakami – nie mają czasu, aby zarabiać pieniądze.
M.T.: Zarówno my, jak i całe rzesze naszych podopiecznych żyjemy z ofiar, które otrzymujemy od różnych ludzi.

A.: To, co robią Siostry Misjonarki Miłości jest bardzo piękne, ale i trudne. Dziękuję Ci za rozmowę.

Zastanów się i odpowiedz!

1. Przeczytaj wywiad z Matką Teresą z podziałem na role.
2. Która wypowiedź, myśl Matki Teresy zrobiła na tobie największe wrażenie?
3. Wymień cechy Matki Teresy, które Ją opisują oraz te, które Ją oceniają.
Które z cech oceniających najbardziej ci imponują?

4. Wytłumacz wyrażenie "*żyć dla innych*".

Wywiad – rozmowa w celu uzyskania informacji.

Pracuj nad rozwojem słownictwa!

Wywiad prasowy – udzielony dziennikarzom prasowym
Wywiad radiowy, telewizyjny – dziennikarzom radia i telewizji
Wywiad lekarski dotyczący pacjenta

Wywiad składa się z pytań i odpowiedzi.

Kim są bohaterowie wywiadu?
– pisarzami, politykami, sportowcami, aktorami, zdobywcami nagród

Wywiad posiada 3 zasady:
- zasadę sześciu pytań: kto? co? jak? gdzie? kiedy? dlaczego?
- zasadę uprzejmości i taktu – nie pytamy o rzeczy bardzo osobiste
- zasadę eleganckiego zakończenia i podsumowania

Szersze spojrzenie na temat

"Największą chorobą naszych czasów nie jest trąd, czy gruźlica, ale fakt, że jesteśmy często niechcianymi, porzuconymi. Czujemy wkoło obojętność i brak miłości."

Matka Teresa

W epoce komputeryzacji, pogoni za pieniądzem nie mamy czasu dla drugiego człowieka. Rodzice nie mają wystarczająco dużo czasu dla was, wy dla rodziców, a nawet dla domowych zwierzątek. A przecież oprócz jedzenia one także potrzebują bliskości, przytulenia, pogłaskania.

Czy wiesz, że rośliny piękniej się rozwijają, jeśli z nimi rozmawiasz?
A i śniadanie niedzielne lepiej smakuje, jeśli wszyscy włożycie "serce" w jego przygotowanie?

Bądź więc przyjazny i zawsze gotowy do pomocy, a świat wokół ciebie także stanie się lepszy. Pamiętaj, że oprócz kariery, ambicji, sukcesów, liczy się współczucie, zrozumienie i troska o drugiego człowieka.

UCZMY SIĘ OFIARY

Brama obozu Birkenau (Brzezinka)

Mówi numer 339

Relacja Tadeusza Wojtkowskiego więźnia numer 339. W Oświęcimiu był świadkiem, gdy ojciec Kolbe ofiarował się zastąpić wybranego na śmierć, podczas selekcji obozowej – Franciszka Gajowniczka

Ewa Sułkowska-Bierezin

O pamiętnym dniu w obozie Auschwitz
(Relacja więźnia)

Właściwie była to moja druga selekcja. Ustawieni byliśmy w rzędach po dziesięciu: rząd i odstęp, rząd i odstęp... I według wzrostu: od najniższego do najwyższego. W pierwszym rzędzie stali niscy, by esesmani widzieli tych z tyłu.

Odbywało się to tak: pada komenda – pierwszy rząd trzy kroki do przodu – i powstaje alejka, dzięki której po przejściu przed pierwszym rzędem, przegląda się drugi. I znowu komenda: drugi rząd trzy kroki do przodu, znów powstaje alejka i tak dalej.

Ja ze względu na wzrost stałem zawsze w ósmym rzędzie. Spostrzegłem, że lepiej jest stać w środku. Miałem oczy zamknięte i modliłem się gorąco: – Boże niech wybierają wszystkich, tylko nie mnie.

I w tym momencie, dokładnie w tym, usłyszałem płacz. To był Gajowniczek. Wtedy nie znałem jego nazwiska, ale usłyszałem: – Boże mój, moja żona, moje dzieci! Komendant przeszedł już pomiędzy piątym i szóstym rzędem i zauważyłem kątem oka Maksymiliana Kolbe – też jeszcze nie znałem jego nazwiska – jak wyszedł z szeregu i stanął twarzą w twarz z komendantem Fritschem. W dobrym niemieckim powiedział, że chce wymienić się z ojcem tych dzieci.

Był to szok dla gestapowca, który się tego nie spodziewał. Pochylił się nad ojcem Kolbe i krzyknął: – Kto ty właściwie jesteś? Jakiś przeklęty klecha? – A ojciec Kolbe odpowiedział bardzo spokojnie: – Tak, jestem katolickim księdzem.

To był chyba drugi szok dla Fritscha. Cofnął się i zdenerwowany powiedział:
– Wymienić, ale natychmiast!
I ten płaczący Gajowniczek wszedł na miejsce ojca Kolbe do szeregu, a na jego miejsce – ojciec Kolbe. Najbardziej utkwiła mi w pamięci jego twarz. Twarz nie z tej ziemi, spokojna, uduchowiona – ten człowiek wiedział dokładnie, co robi.

Powiem szczerze: gdyby tam stał mój brat lub ojciec, wątpię, czy byłbym zdolny wymienić się z nim. Do tego stopnia człowiek jest wystraszony, czuje, że znalazł się na granicy śmierci... I modli się, żeby wybrano kogoś innego!

Tymczasem wybierano dalej. Szósty rząd trzy kroki naprzód i wreszcie siódmy rząd. Wybierają z mojego ósmego rzędu. W pewnym momencie widzę, że komendant kiwa palcem na mnie. Skamieniałem, nie ruszam się. Wrażenie było tak silne, że trudno opisać. Ale on nie mnie chciał, tylko mojego sąsiada z lewej strony...

Apel minął, na drugi dzień jestem przed blokiem, życie obozowe toczy się normalnie i ktoś pyta: – Kto to był, co się poświęcił za tego płaczka? – Skąd ja mogę wiedzieć kto? – odpowiadam. A drugi, który widocznie był bliżej ojca Kolbe mówi: – Kolego, jak to, kolega nie wie? To był przecież ojciec Kolbe.

Dopiero wtedy dowiedziałem się, kto to był, bo przecież wszyscy byliśmy tu numerami.

Jego ostatnia droga
fragm. "Ojciec Kolbe"
M. Kączkowska

... Za ojcem Maksymilianem zatrzasnęły się drzwi śmierci.

Więźniowie w ponurym milczeniu rozeszli się do swoich baraków.
Nikt prawie nie spał.
Nagle ci, co mieszkali za bunkrem, usłyszeli śpiew... Z daleka, jakby z grobu, płynęła pobożna pieśń.
Mijał dzień za dniem. Coraz częściej dyżurny więzień wynosił zmarłych. Reszta konała. Leżeli nadzy na zimnym cemencie, wijąc się w głodowych męczarniach. Tylko ojciec Maksymilian chodził jeszcze po celi, stał albo klęczał, modląc się.

Gdy Niemcy weszli, ojciec Maksymilian siedział wsparty o ścianę. Oczy miał otwarte, twarz jasną.
Wydawało im się, że z umęczonego ciała promieniuje światło.
Gdy Block zbliżył strzykawkę z fenolem, ojciec Maksymilian podniósł rękę i uśmiechnął się.

mal. M. Kościelniak

Zastanów się i odpowiedz!

1. Jakie wspólne cechy charakteru posiadali święci naszych czasów: ojciec Maksymilian Kolbe i Matka Teresa z Kalkuty?
2. Jaką rolę odegrał ojciec Maksymilian Kolbe w życiu współwięźniów obozu w Auschwitz?
3. Co to jest ofiara i z czego wypływa?
4. Podaj przykłady ofiary w życiu codziennym.
5. Przypomnij sobie piękne cechy naszej świętej królowej Jadwigi (kl. IV)
6. Na czym polega świętość takich ludzi jak: ks. Jerzy Popiełuszko, czy papież Jan Paweł II?

7. Wytłumacz znaczenie sentencji:
a) ***Nikt nie jest takim biednym, żeby nie mógł drugiemu pomóc.***
b) ***Ludzie budują za dużo murów, a za mało mostów.***

8. Uzupełnij wyrazy pod hasłami:

miłość, solidarność, szczęśliwe dzieciństwo, piękna przyroda....

dobro ....
....

brud, bieda, smutek, wojny....

zło ....
....

53

UCZMY SIĘ WSPÓŁCZUCIA

Autor nieznany
oprac. M. Pawlusiewicz

Przyjaźń jest piękna!

Nie! Nie pozwoliłam ci na to i już! – krzyczała mama robiąc przy tym złą minę. Tracę już do ciebie cierpliwość i mówię ci, że jeżeli nie przestaniesz nalegać, to nie wiem co zrobię... Jednak Patrycja nie miała zamiaru przestać.
- Mamo, pomyśl tylko, proszę cię... Wszyscy zadecydowaliśmy o tym. To naprawdę decyzja całej klasy! Tata i Piotrek chowali swoje twarze za filiżankami kawy z mlekiem, wydając przy tym dziwne dźwięki.
- Śmiejcie się!... Tchórze! – pomyślała Patrycja. – Jeżeli nie pozwolisz mi tego zrobić – tu zwróciła się do mamy – nie pójdę do szkoły. Patrycja rozpłakała się. Płacz był zawsze jej ostatnią bronią.
- Rób jak chcesz! – wymamrotała mama wrzucając ze złością łyżkę do zlewu. – Sama robisz sobie krzywdę.
Łzy w oczach Patrycji znikły natychmiast. W innych dwudziestu trzech rodzinach miały miejsce sceny podobne do tej. Dziewczęta i chłopcy z klasy szóstej postanowili, że tego dnia wszyscy będą solidarni. Tylko w dwudziestej piątej rodzinie poranek przebiegał w zupełnie inny sposób.
Elżbieta porażona strachem już chyba piętnasty raz podchodziła do lusterka, aby się w nim przyjrzeć.
- Będą się ze mnie śmiać. Wiem o tym. Tylko na to czekają. – Wielkie słone łzy zaczęły spływać po jej policzkach. – Będę musiała nosić czapkę w klasie przez cały dzień.
Ojciec przyglądał się jej ze spokojną twarzą.
- Odwagi Elżbietko – powiedział. – Kuracja przeciwko białaczce, która zaatakowała cię dwa miesiące temu niedługo się skończy, a włosy ci szybko odrosną. Lekarz mówił, że bardzo dobrze reagujesz na kurację i za kilka miesięcy wszystko będzie w porządku.
Mama przytuliła ją bardzo mocno.

- Odwagi Elżbietko. Tylko w ten sposób nie stracisz całego roku nauki. Zobaczysz, że koledzy szybko się do tego przyzwyczają.
Elżbieta włożyła na głowę czapkę, zarzuciła na ramię plecak i ruszyła w stronę wyjścia.
Czas na przebycie drogi do szkoły zaplanowała tak, by dotrzeć do niej w ostatniej chwili i wsunąć się do klasy w momencie, gdy profesor znajdzie się przy tablicy, a cała klasa będzie już pracowała. Kiedy stanęła przed drzwiami klasy, uświadomiła sobie, że serce wali jej jak młot. Zamknęła oczy i otworzyła nieśmiało drzwi. Kiedy podniosła powieki i rozejrzała się po klasie, zobaczyła coś dziwnego. Wszyscy, ale to zupełnie wszyscy mieli na głowie czapki. Kiedy ją zobaczyli, uśmiechnęli się i jednocześnie zdejmując czapki krzyknęli:
- Cieszymy się, że do nas wróciłaś Elu!
Tak, wszyscy mieli ogolone głowy, nawet Zośka, która zawsze była tak bardzo dumna ze swoich kręconych włosów. Wszyscy wstali, zbliżyli się do niej powoli, serdecznie ją przytulając do siebie. Elżbieta nie wiedziała czy śmiać się z tego, czy płakać.
- Dziękuję, dziękuję wam wszystkim.
Znad swojego stołu uśmiechał się serdecznie profesor, który nie ogolił sobie głowy, bo od dawna był już łysy jak bilardowa kula.

Zastanów się i odpowiedz!

1. Powiedz co wydarzyło się w życiu Elżbiety?
2. Jaka kuracja pozbawiła ją włosów?
3. Czy pomysł chłopców i dziewcząt z szóstej klasy miał jakiś sens? – Jaki?
4. Czy wybór klasy można nazwać bohaterskim?
5. Kto z was byłby zdolny ponieść taką ofiarę?
6. Czy znasz kogoś, kto hoduje długie włosy, by je potem oddać na perukę dla dziecka chorego na białaczkę?
7. Jak zachowałbyś/zachowałabyś się jako rodzic w stosunku do syna, córki podejmujących taką szybką, solidarną decyzję?
8. Wróćmy do strony 24, pięknego motta i lekcji o współczuciu. Czego nauczyły nas obie te lekcje? - Porozmawiajmy sobie. Zapiszmy nasze przemyślenia na tablicy.
9. Podaj przykłady innych postaw współczucia wśród ludzi.
10. Odczytaj hasło umieszczone na tablicy i napisz na ten temat wypracowanie.

Pracuj nad rozwojem słownictwa!

■ **Prawdziwa przyjaźń miewa takie określenia:**

przyjaźń na śmierć i życie
przyjaźń do grobowej deski
przyjaźń na dobre i na złe
przyjaźń dozgonna

■ **Znane polskie przysłowia o przyjaźni**

Dla przyjaciela nowego nie opuszczaj starego.
Kto znalazł przyjaciela, skarb znalazł.
Przyjaźń szczera nie umiera.
Prawdziwych przyjaciół poznajemy w biedzie.
   np.: *Wojtek ani razu nie odwiedził mnie w szpitalu. No cóż, prawdziwych przyjaciół poznaje się w biedzie.*

Szersze spojrzenie na temat

Bądź lepszy!

■ Nie musisz być świętym. Postaraj się jednak być lepszym. Doceniaj wartość słowa. Słowa, powinny być balsamem na rany życia: *kocham, dziękuję, przepraszam, dobrze, że jesteś ze mną, współczuję ci, pomogę, daj znać, jeśli będziesz mnie potrzebował.*

■ Słowa mogą być podobne kamieniom:
odejdź, nie chcę cię znać, po tobie nie spodziewałem się niczego dobrego itp.

■ Dobre słowa są jak dobrzy przyjaciele. Mogą sprawić, że świat stanie się bardziej ludzki, nabierze jaśniejszych barw.
Za słowami powinny pójść czyny. Ludzie święci to nie tylko ci, którzy już zostali wyniesieni na ołtarze.
To wspaniali, cudowni, dobrzy ludzie wokół was: w szkole, w szpitalu, w sąsiedztwie.

■ Jeśli zapytasz przeciętnego Amerykanina, czy spotkał w swoim życiu świętego, – 80% odpowiada, że tak.
/ks. Jerzy Sermak "Posłaniec Serca Jezusa" Listop.-Grudz. 1994/

■ Papież Jan Paweł II w Nowym Orleanie w 1987 r. powiedział:
   "**Świat potrzebuje świętych!**
   Świętość nie jest przywilejem tylko dla niektórych.
   Wszyscy jesteśmy powołani do świętości."

POLSKIE TRADYCJE | ROZDZIAŁ IV

W KRAJU
I NA EMIGRACJI

CHŁOPSKA WIGILIA W KRAJU

Wigilia u Boryny

*Władysław St. Reymont,
(laureat Nagrody Nobla)
fragm. powieści pt. "Chłopi",
tom II (Zima)
oprac. M. Pawlusiewicz*

Józka z Witkiem bardzo zmarzli, bo stali przed gankiem, by ujrzeć pierwszą gwiazdkę.
– Jest! Jest! – wrzasnął naraz Witek.
Boryna, Rocho i inni spojrzeli na niebo. Gwiazda rosła w oczach, leciała, pryskała światłem, jarzyła się coraz bardziej.
Rocho uklęknął na śniegu, a za nim inni.
– Oto gwiazda Trzech Króli, betlejemska gwiazda, przy której blasku Pan nasz się narodził, niech będzie święte imię Jego pochwalone! (...)
Serca zabiły im wdzięcznością i gorącą wiarą.
– Czas do wieczerzy – rzekł Roch. Weszli do domu i zaraz zasiedli przy długiej ławie. Boryna usiadł pierwszy, potem usiadła Dominikowa z synami, Rocho w środku, Pietrek i Witek koło Józki, tylko Jagusia przysiadała na krótko, bo trzeba było pamiętać o dokładaniu jedzenia.
Uroczysta cisza zaległa izbę.
Boryna przeżegnał się i podzielił opłatek pomiędzy wszystkich.
Chociaż byli głodni jedli wolno i godnie.
Jagusia podała najpierw buraczany kwas gotowany na grzybach z ziemniakami, potem podała śledzie obtaczane w mące i smażone na oleju, później pszenne kluski z makiem.
Potem podała kapustę z grzybami, a na końcu prawdziwy przysmak: racuszki z gryczanej mąki z miodem usmażone na oleju makowym.
Przegryzali to wszystko prostym chlebem, bo placków ani strucli nie należało jeść tego dnia.

kwas buraczany gotowany na grzybach – barszcz czerwony
mąka gryczana – mąka z gryki (roślina zbożowa)
olej makowy – tłuszcz wyciskany z maku
strucla – ciasto francuskie zazwyczaj z jabłkami

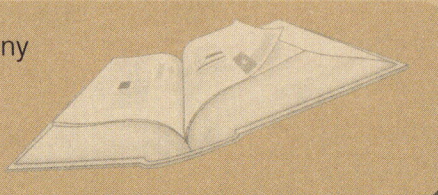

Zastanów się i odpowiedz!

1. Jak autor opisuje moment oczekiwania na pierwszą gwiazdkę, która według tradycji miała zapoczątkować wigilijną kolację?
2. Kto siedział przy ławie gospodarza?
3. Jakie potrawy podano do stołu?
4. Które z tych potraw znajdują się do dzisiaj na wigilijnych stołach?

CHŁOPSKA WIGILIA NA EMIGRACJI

Wigilia nad wodospadami Iguaçu
(Parana/Brazylia)

Teresa Kaczorowska
"Spotkania z Polonią"
oprac. M. Pawlusiewicz

Jest rok 1998. Siedzimy na werandzie przestrzennego domu państwa Jaremczuków w otoczeniu bujnej zieleni. To kawałek pierwotnej puszczy zachowanej przez gospodarzy w jej nietkniętym stanie, gdzie wciąż są małpy, żmije, a czasem zaryczy jaguar. Z oddali dochodzi szum rzeki, porykiwanie bydła i pianie kogutów.
Pani Apolonia smaży ryby. Czuć zapach i nastrój nadchodzącej kolacji wigilijnej.
- Ta osada – mówi pan Eugeniusz Jaremczuk – nazywała się kiedyś Jagoda. To na cześć córki Marszałka Józefa Piłsudskiego. Następnej, koloniści nadali imię Wanda, czyli drugiej córki Marszałka. Osada Wanda pozostała do dzisiaj, bo jest po argentyńskiej stronie. Natomiast Jagodę zmieniano już trzy razy, szczególnie za czasów prezydenta Vargasa, który był przeciwny podtrzymywaniu kultur emigrantów.
Dla nas Iguaçu pozostanie zawsze Jagodą.
Kiedy rodzice przypłynęli na wyspę kwiatów, a było to w 1920 roku, miałem 11 lat – opowiada już dzisiaj dziewięćdziesięcioletni, siwy pan.
- Spodobała mi się ta cudna puszcza: mnogość palm, bananowców, egzotycznych drzew, kwiatów i owoców. Dla takiego chłopaczyny potężne drzewa obsypane pomarańczowymi owocami albo „garnki z orzechami" – to był cud natury.
Ojca przyjęto w Jagodzie z radością. Miał złote ręce. Wszystko potrafił zrobić. W osadzie stał już duży dom w stylu dworku oraz baraki dla emigrantów. Dostaliśmy dość szybko 24 hektary ziemi (nie tak jak ci, którzy przyjechali trzydzieści lat wcześniej i musieli sami wykarczować hektary puszczy, by później tę ziemię uprawiać). Radość trwała jednak krótko. Wybuchła II wojna światowa. Życie w Jagodzie jakby zamarło. Płakaliśmy nad dolą naszej ojczyzny, ale i nad własną, bo trudno było sprzedać to, co człowiek z tej roli zdołał wyhodować. Ja nawet na dwa lata poszedłem w puszczę – mówi pan Eugeniusz. Żyłem jak Indianin. Polowałem na lamparty, pumy, tapiry, dzikie świnie, sarny. Sprzedawałem skóry. Dbałem o naszą osadę, bo wielu mężczyzn z niej zaciągnęło się do wojska generała Sikorskiego, by walczyć w Europie z Niemcami.

Wstajemy od stołu. Idziemy zobaczyć ich uprawy, szczególnie soi i kukurydzy.
Huczy rzeka.
- O, tu proszę nasz świerk! Pielęgnujemy go, bo przypomina nam Polskę. A tu, proszę zobaczyć, zbudowałem własną elektrownię. Mamy więc niezależny prąd, obok młyn, tartak i małą stolarnię. Teraz „pałeczkę" przejmują po mnie synowie. Uprawiają ziemię, mają własne sklepy. Dziewczyny pokończyły uniwersytety, są nauczycielkami. Chciałyby pojechać na kursy języka polskiego do Lublina albo Krakowa. Ubolewają, że w Jagodzie polskość nie kwitnie tak, jak w Kurytybie. Chciałyby tutaj

uczyć języka polskiego, tańców, stworzyć prawdziwy polski Dom Kultury.
Wracamy do domu. Przyszedł ksiądz z pobliskiej plebanii. Pracuje w Brazylii już trzydzieści lat. Wiele słyszał o pierwszej, polskiej emigracji.

Często odwiedza cmentarze, gdzie zachowały się groby tych, którzy padli ofiarą masowych zgonów z głodu, chorób i nieprzyjaznego klimatu. Opowiada nam o czasach „gorączki brazylijskiej" XIX wieku, a więc masowych przyjazdach chłopów marzących o posiadaniu własnej ziemi. O ich rozczarowaniach, niewolniczej pracy przy karczowaniu puszczy, budowaniu dróg, torów kolejowych, o chorobach, napaściach dzikich zwierząt i Indian.

Rząd brazylijski nie dbał o polepszenie ich bytu. – A Polska? – Polski przecież nie było na mapie.
- Nie mówcie już o rzeczach smutnych – zagaduje gospodyni – zapraszam do stołu.
Pachną grzybki, barszcz, świeże ryby i słodka kutia. Łamiemy się opłatkiem. Są łzy wzruszenia i pytania o to, co dzieje się w obecnej, wolnej Polsce. Cieszą się z podarowanej im, krakowskiej szopki.
- A może jeszcze z Apolonią pojedziemy ucałować ojczystą ziemię? Jeśli nie, to Bóg zapłać i za to (tu wskazał na szopkę), że przywiozła pani do nas ten kawałek Polski.
Gospodarz wyjmuje skrzypce. I o to płynie polska, rzewna kolęda „Lulajże Jezuniu", a jej melodia miesza się z szumem pobliskiej rzeki Iguaçu.

> **osada** – jeszcze nie wieś (kilka lub kilkanaście zabudowań)
> **soja** – roślina podobna do fasoli o dużej wartości odżywczej
> **tartak** – warsztat z maszynami do cięcia i obróbki drewna

Zastanów się i odpowiedz!

1. Kto jest narratorem opowiadania?
2. Jak myślisz – dlaczego pierwsi polscy emigranci nazwali swoje osady imionami córek Marszałka Piłsudskiego?
3. Jak wyglądało życie Jaremczuków po przyjeździe do Brazylii?
4. Co gospodarz opowiada o sytuacji polskich emigrantów po wybuchu II wojny śwatowej?
5. Jak obecnie funkcjonuje gospodarstwo państwa Jaremczuków?
6. Oceń postawę córek gospodarza.
7. Opisz gospodarstwo obecnego właściciela i jego następców.
8. Czego dowiedziałeś/dowiedziałaś się o losach polskich emigrantów XIX wieku (emigracja chłopska z okresu zaborów)?
9. Co gospodyni przygotowała na wigilijną kolację?
10. Odszukaj w tekście słowa gospodarza, które mówią o pamięci, przywiązaniu i tęsknocie za ojczyzną.
11. Dlaczego autorka podręcznika połączyła obie te wigilie na jednej lekcji?

TEMAT DO ROZMOWY:

a) Dlaczego w naszym domu pielęgnujemy polskie tradycyje?
b) Czy nie łatwiej byłoby przyjąć zwyczaje amerykańskie *(nie ma wigilii)*, pominąć je lub zastąpić innymi?

Szersze spojrzenie na temat

Brazylia z lotu ptaka jest dwukolorowa. Zieleń dają tropikalne lasy, uprawy i pastwiska, czerwień to kolor brazylijskiej ziemi spękanej od słońca. Na tę ziemię ciągnęli polscy chłopi namawani przez agentów, odezwami, ulotkami i obietnicami ziemi na własność. Brazylia wtedy zniosła niewolnictwo i potrzebne były ręce do pracy.

Miał tam ich czekać upragniony raj z chlebem rosnącym na drzewach i poniewierającymi się po ziemi brylantami. Jak bardzo się rozczarowali, wiemy z pamiętników, książek, opowiadań ich potomków. Osiedlali się blisko siebie. Mieszkali najpierw w szałasach, potem budowali domki z drewna.

Powoli zaczęły powstawać polskie osady, szkoły, parafie w takich stanach jak: Parana, Santa Catarina i Rio Grande do Sul. W 1937 roku istniało już 349 polskich szkół. W tym właśnie roku władze brazylijskie zakazały nauki języków emigrantów.

Jedną z wielu szkół, jaka przetrwała do dziś, jest szkoła w Murici – 20 mil od Kurytyby. Ma ponad 1000 uczniów, chór, teatrzyk i zespoły taneczne.

Od czasu wizyty Jana Pawła II Polonia brazylijska cieszy się u władz stanowych i federalnych większym szacunkiem. Młodzież kształci się, zajmuje wysokie stanowiska i nie ukrywa swojego pochodzenia.
Nie wszyscy znają język polski, ale uczą się i chcą się uczyć.
W miastach Brazylii żyją też potomkowie polskiej szlachty, która, po powstaniach i wojnach przy boku Napoleona, wabiona ciekawymi kontraktami wybrała tę ziemię za ojczyznę.
Są więc: Czerwińscy, Rozwadowscy, Brodowscy, Babińscy itd. Działają w licznych polskich organizacjach. Są lekarzami, muzykami, aktorami, reżyserami, zajmują wysokie stanowiska we wszystkich miastach Brazylii.

Pomyśl, zapytaj i napisz

1. Porozmawiaj ze swoimi rodzicami, dziadkami o obchodzonych przez nich świętach w ich ojczyźnie. Dowiedz się, czy jakieś ważne lub niezwykłe wydarzenie pozostało w ich pamięci. Zapisz je w formie notatki lub opowiadania. Podziel się tymi relacjami z kolegami w klasie.

2. Zredaguj serdeczne i osobiste życzenia, które chciałbyś/chciałabyś przesłać:
   a) rodzicom   b) dziadkom   c) koledze, koleżance
   d) swojemu ukochanemu nauczycielowi
   e) zespołowi audycji radiowej, której słuchasz lub słuchają twoi rodzice.

" *Życzę Ci Aniu, abyś w tym Nowym Roku zrealizowała swoje marzenia i dostała upragnionego pieska!* "

" *Błogosławieństwa Bożej Dzieciny, samych piątek w szkole i wyleczenia kontuzji kolana życzy w Nowym Roku Ania* "

O AUTORZE

Władysław Stanisław Reymont – opisywał życie na wsi, gdyż jako syn wiejskiego organisty dobrze je znał.
W "Chłopach" (za których w 1924 roku otrzymał Nagrodę Nobla) poruszył problem biedy i bezrobocia w okresie zaborów.
XIX i XX wiek to okres wielkiej emigracji polskich chłopów za ocean, często nazywany "Emigracją Boryny".
W tym czasie w poszukiwaniu lepszego życia wyjechało wiele setek tysięcy chłopów, szczególnie do Brazylii, Argentyny i USA.
Pracowali ciężko na roli, przy budowie dróg, w fabrykach, rzeźniach, hutach stali.
Byli pracowici i oszczędni. Pomagali swoim rodzinom, ciągle mieszkającym pod zaborami. W Ameryce słynęli z tego, że budowali kościoły i szkoły parafialne.
Do niektórych z nich chodzicie na lekcje lub Msze św.

1867-1925

Kącik młodej, polskiej gosposi

Proste potrawy wigilijne i świąteczne

Śledzie wigilijne

6 filetów śledziowych solonych
5 łyżek majonezu
1 małe opakowanie jogurtu naturalnego
2 średnie cebule
małe jabłko
5 łyżeczek posiekanej natki pietruszki
odrobina cukru i pieprz

Wymoczone śledzie *(20 min.)* podzielić na dzwonka i ułożyć w salaterce. Cebule, jabłko drobno posiekać, wymieszać z majonezem i jogurtem, dodać natkę pietruszki, doprawić cukrem i pieprzem. Gotowym sosem polać śledzie. Przekąskę tę można przygotować również ze śledzi marynowanych.

Sałatka z indyka na bożonarodzeniowe śniadanie

30 dag wędzonej piersi indyka
2 pomarańcze
świeży ogórek
15 dag kiełków soi
10 dag orzechów ziemnych
Sos: jogurt naturalny, natka pietruszki, koperek, cukier, pieprz i sól

Mięso pokroić w cienkie paski, ogórek – w plasterki. Pomarańcze obrać, podzielić na cząstki i pokroić na kawałki, a wydzielony sos zlać do naczynia. Kiełki zalać wrzątkiem, zagotować, osączyć i ostudzić. Do jogurtu wrzucić posiekaną zieleninę, wlać sok z pomarańczy i zmiksować. Sos doprawić solą, pieprzem i odrobiną cukru. Przygotowane składniki przełożyć do salaterki, wsypać orzeszki, polać sosem, wymieszać, udekorować natką pietruszki.

Ciasteczka na choinkę

60 dag mąki
50 dag margaryny
4 żółtka
6–8 łyżek kwaśnej śmietany
1 jajko, cukier

Posiekać margarynę z mąką, dodać żółtka i śmietanę, wyrobić ciasto, włożyć je do lodówki.
Po 2 godz. ciasto wyjąć, rozwałkować na grubość pół centymetra i wyciąć ciastka dowolnymi foremkami. Ułożyć na lekko natłuszczonej blasze, wierzch posmarować jajkiem i posypać grubym cukrem. Upiec na rumiano w temperaturze 200-220° C.

BOŻE NARODZENIE WE WSPOMNIENIACH

Wigilia w ziemiańskim dworze

Melchior Wańkowicz, fragment "Szczenięce lata" (oprac. M. Pawlusiewicz)

Wigilie w naszym dworze spędzaliśmy w atmosferze radości, ale i powagi. Po kolacji wigilijnej państwa (rodziców, dziadków, rodziny, przyjaciół) do stołu zasiadała służba. Babcia wchodziła z opłatkiem, dzieląc się ze wszystkimi, przy czym każdemu mówiła indywidualne życzenia. Nie zawsze były te życzenia słodkie. (...) Kiedy się to działo w stołowym, my, dzieci, siedzieliśmy już w pierwszym pokoju przy bakaliach, najedzeni jak bąki. A jakże, bo kolacja wigilijna składała się z ośmiu do dwunastu potraw i chociaż nikt się nie objadał, miejsca na wszystko nie wystarczało.
Pośrodku stołu na pękach siana postawiono ogromną, poczwórną salaterę, w której mieściły się cztery zasadnicze potrawy wigilijne, cztery paskudztwa przyrządzone dla tradycji.
Był tam: kisiel owsiany, wyglądający jak brudny klajster, rozdęte ziarna gotowanej pszenicy, groch, jęczmień oraz mleko makowe.
Babcia, jako pani domu, musiała każdej potrawy spróbować popijając wodą z miodem, bo inaczej nadchodzący rok nie byłby pomyślny. Krzywiła się, zwłaszcza przy kisielu, ale mus to mus.
A kiedy wszyscy byli już po kolacji wróżono sobie ze źdźbła siana wyciąganego spod obrusu. Wyciągnięte długie źdźbło oznaczało długie życie, a krótkie źdźbło - niestety krótsze. Potem otwierano wielkie, oszklone drzwi olbrzymiego salonu, gdzie stała nasza piękna choinka. To było bardzo praktyczne drzewko, bo ubrane w konkretne smakołyki. Mogliśmy więc chodzić koło niego i objadać się do syta przez kilka dni. Wisiały tam małe, kolorowe jabłuszka, cukierki, a w papierowych koszyczkach suszone winogrona, migdały i daktyle. Smakołyki te zrywało się i rozdzielało między nas i dzieci służby. Otrzymywaliśmy prezenty, wyrażając oficjalną radość. Czasem dowiadywaliśmy się wcześniej *(dzięki wzorowemu wywiadowi)* co będzie naszym prezentem świątecznym. Pewnego razu na przykład, dzięki zdradzie lokaja, wykradłem z szafy flintę *(broń myśliwska)*, i do woli sobie postrzelałem jeszcze przed świętami. Takie wigilie przypominały mi się niejednokrotnie, kiedy już byłem dorosły i przebywałem na różnych frontach wojen i podczas długiego pobytu w USA.

Zastanów się i odpowiedz!

1. Opisz kolację wigilijną na dworze rodziców i dziadków Melchiora Wańkowicza.
2. Jakie tradycyjne potrawy podawano do stołu?
3. Czym ozdobiona była choinka małego Melchiora?

Listy do matki

*Juliusz Słowacki
fragmenty listów
oprac. M. Pawlusiewicz*

Najdroższa moja!

18 grudnia 1834 roku
Genewa, Szwajcaria

Zimę mamy tęgą tego roku w porównaniu z innymi latami. Przed trzema dniami spadł śnieg. Cieszyłem się jak dziecko widokiem białej ziemi i oprószonych jodeł przed oknami mojego domu. Doznawałem jakiegoś smutnego uczucia. Różne wspomnienia cisnęły mi się do głowy, a przede wszystkim wspomnienie ostatnich świąt Bożego Narodzenia, kiedy byłem na uniwersytecie. Patrząc na śnieg, zdawało mi się, że zjeżdżam do ogrodu. Robiłem śnieżki i rzucałem je na wiatr północny...
Co dnia prawie, patrząc na mój ogień na kominku, staje mi w oczach postać Mamy, leżącej wieczorem na małej kanapce pod oknem w średnim pokoju, naprzeciw palącego się pieca. Teraz, przy zbliżającym się nowym Bożym Narodzeniu, chciałbym, żeby mi ktoś mógł zaśpiewać kolędę taką, jaką słyszałem ostatniego roku, będąc w Krzemieńcu. Wszystko, co zniknęło w przeszłości, ma dla mnie teraz anielską twarz i anielski głos.

Juliusz

Najdroższa moja!

1838, 2 stycznia
Florencja, Włochy

Już Nowy Rok, a my sobie nie możemy niczego powinszować. Z resztą nie wiem, czego mógłbym Ci życzyć, bo tak mało dobrego wokół nas. (...)
Wigilię jadłem ze znajomymi. Sama gospodyni domu dała nam wszystkie dawne potrawy naszej kuchni wigilijnej. Nie wiem dlaczego, ale ciągle myślałem o wigilii (...), którą kiedyś jadłem będąc dzieckiem. Potem mi przyszła na myśl wielka piekarnia Babuni – służba śpiewająca kolędy.(...) Potem dawnym zwyczajem wyciągnąłem źdźbło siana spod obrusa. Niestety było krótkie i bez kwiatka. Pani domu, widząc moje zasmucenie, wyciągnęła drugie, ale i to źdźbło było krótkim razem z kłosem na końcu... Tłumacz więc sobie, droga moja, że dni moje będą krótkie, ale kłos zostanie po nich... ja tak sobie sam tłumaczę i cieszę się.

Juliusz

Zastanów się i odpowiedz!

1. Przeczytaj opis zimy z pierwszego listu J. Słowackiego do matki.
2. Jakie obrazy przewijają się w jego umyśle?
3. Dlaczego wspomnienia z lat młodzieńczych rodziły w nim smutek?
4. Opisz Wigilię Bożego Narodzenia w domu gospodarzy Juliusza.
5. Co oznaczała wróżba ze źdźbła siana?
   (Przypomnij sobie taki moment z wigilijnej wieczerzy Pułaskiego z Kościuszką - klasa IV)
6. Porównaj wigilię młodego pisarza Wańkowicza w Polsce, z wigilią poety na emigracji.
7. Przeczytaj dodatek do lekcji pt. "Szersze spojrzenie na temat" i odpowiedz na pytanie - dlaczego autorka połączyła te dwie wigilie?
8. Napisz list do kolegi, w którym przedstawisz mu nastrój przygotowań do świąt i zwyczaje bożonarodzeniowe w twoim domu.
9. Zrób krótką notatkę biograficzną o Juliuszu Słowackim i Melchiorze Wańkowiczu *(ściągnij wiadomości z Internetu i opracuj je)*.

Szersze spojrzenie na temat

Dożynki na dworze (fragment)
mal. M. Stachowicz
Muzeum Narodowe w Warszawie

Wiele polskich dworów odegrało znaczącą rolę w okresie zaborów, w chwilach wojen i niewoli. Dwory były miejscem spotkań, robienia planów bitew i powstań. Tu przechowywano rannych powstańców i opatrywano ich rany. W dworach żyło się sprawami Polski. Pielęgnowano polskie tradycje i przekazywano je z pokolenia na pokolenie.

Z tych wspaniałych dworów wiele osób wyjeżdżało na emigrację po to, żeby się uczyć, tworzyć i pracować z dala od niewoli i zakazów zaborców. Święta były dla nich wspomnieniem domu, rodziny, najbliższych miejsc. Oprócz tradycyjnej wieczerzy wigilijnej czytano poezję i słuchano muzyki.

Chopin i Mickiewicz w salonie Czartoryskich w Paryżu (fragment)
mal. Teofil Antoni Kwiatkowski
Muzeum Narodowe w Poznaniu

Pracuj nad rozwojem słownictwa!

Do zasobu słownictwa charakterystycznego dla listu
należą pewne zwroty grzecznościowe, czasem
o dużym stopniu poufałości - *Kochany..., Drogi...,*

- Jakie *formuły wstępne* występują najczęściej?
  Dziękuję Ci za list...
  Piszę do Ciebie...
  Już dawno nie dawałem znaku życia...
  Postanowiłem napisać...
- Mniej różnorodne są *formuły kończące* list:
  Na tym kończę...
  I tyle, co mam Ci do powiedzenia
  Na zakończenie...
- Do nich dodaje się zwykle przed imieniem
  różne czułości:
  Całuję
  Pa, pa, całusów 102
  Kochający Cię...
  Serdecznie pozdrawiam...
  Łączę uściski

Listy
były i są formą podtrzymywania kontaktu między bliskimi. Zwykle pisano je w celach prywatnych. Dopiero z perspektywy czasu listy ludzi sławnych zaczęły budzić ciekawość. Często stawały się źródłem wiedzy o życiu ich autorów. Listy wybitnych ludzi wykorzystywano jako materiał do pisania powieści, sztuk teatralnych lub scenariuszy filmowych.
Dzisiaj, kiedy mamy nowoczesne środki przekazu informacji *(telefon, Internet)*, pisanie listów tradycyjnych jest mniej popularne. Ale pamiętajmy, że każdy kulturalny człowiek, pisząc list prywatny, powinien dołożyć wszelkich starań, by list ten miał ciekawą treść i piękną formę.

Przypomnijcie sobie z klas poprzednich, jakie powinny być elementy listu:
- układ graficzny – nagłówek, miejsce i data, rozpoczęcie, treść, zakończenie, podpis, PS.
- sposób adresowania koperty
- sposób tytułowania adresata na kopercie – Sz.P., W. P.

Piszcie listy jako zadania domowe, nawet gdybyście mieli pisać do postaci fikcyjnych lub bohaterów czytanych przez was opowiadań, po to, by podzielić się swoimi problemami, a przy okazji doskonalić umiejętność pisania.

> **List** to nie tylko sposób komunikacji, to także przekazywanie najskrytszych myśli, uczuć, a czasem tajemnic, z którymi nadawca i adresat nie chcą się dzielić z innymi.

- **Nie wolno otwierać listów nie adresowanych do ciebie!**
To wielkie naruszenie nie tylko wolności osobistej, prywatności, ale i naruszenie prawa ochrony korespondencji.
- Podczas II wojny światowej szczególnie podczas powstania warszawskiego, listy-meldunki przekazywane były przez harcerską pocztę bezpośrednio do dowódców oddziałów.
Gdyby taki list przejęli Niemcy, mogło się to zakończyć tragedią dla wielu walczących o wolność Polaków.

ZWYCZAJE WIELKANOCNE

Święcone na wsi – mal. W. Tetmajer

Święcone u Borynów

Władysław St. Reymont
fragm. powieści "Chłopi"
oprac. M. Pawlusiewicz

W Borynowej izbie zaczęto przygotowywać święcone. Izba była wymyta, wysypana piaskiem, okna i ściany czyste, obrazy omiecione z pajęczyny, a Jagusine łóżko przykryte piękną chustą. Hanka z Jagusią i Dominikową ustawiły duży stół, nakryty białym obrusem, którego brzegi Jagusia oblepiła szerokim pasem czerwonych wycinanek. Na środku stołu postawili wysoką świecę przybraną papierowymi kwiatami. Przed nią, na wywróconej donicy postawiono baranka z masła tak ciekawie przybranego, że wyglądał jak żywy. Dookoła leżały chleby i kołacze. Obok nich rozgościły się żółciutkie placki z rodzynkami. Były też specjały z serem, cukrem i posypane słodziutkim maczkiem. Na końcu stołu postawiono wielką misę pełną zwojów kiełbas, przybranych jajkami, a na brytfance całą świńską nogę.
Wszystko to przyozdobiono kraszonymi jajkami, czekając jeszcze na Witka, który miał ozdobić stół zieloną borowiną.
    Kiedy tylko skończyli przygotowywać stół do święcenia zaczęły się schodzić sąsiadki i przynosić swoje święcone w miskach i donicach. Ustawiały je na ławie obok stołu, czekając na księdza, który święcił pokarmy tylko u bogatszych gospodarzy, bo mu brakowało czasu na obejście całej wsi. Chłopi mogli przynosić swoje święcone także do dworu, bo tam ksiądz przyjeżdżał obowiązkowo. Potem rozchodzili się do swoich domostw, by zdążyć do kościoła na uroczystość poświęcenia ognia i wody. Koniecznym było przedtem zalać wodą palenisko w domach, by je znowu rozniecić młodym, poświęconym ogniem. Dopiero w samo południe powracały kobiety, ostrożnie przysłaniając i chroniąc świece zapalone w kościele. Tym płomieniem rozpalano nowe, domowe paleniska.
    Już po południu czuło się na wsi święto. Jeszcze tu i ówdzie gospodarze kończyli grubszą robotę, by później ubrać się już świątecznie i świętować Zmartwychwstanie Chrystusa.

Zastanów się i odpowiedz!

1. Jak wyglądała izba Borynów przed przygotowaniem "święconego"?
2. Kto i jak przygotowywał wielkanocny stół?
3. Jak wyglądał zwyczaj święcenia na wsi?
4. Na czym polegało święcenie ognia? Czy ten zwyczaj pozostał do dzisiaj? Zapytaj rodziców lub dziadków.
5. Napisz zaproszenie na śniadanie wielkanocne dla swojej cioci i wujka. Wymyśl ciekawy program, np. z szukaniem jajek, konkursem na najładniejszą pisankę.

W LITERATURZE POLSKIEJ

Uczta dworska – mal. J. K. Auerbach

Maria Lemnis, Henryk Vitry
fragm. "Przy staropolskim stole"
oprac. M. Pawlusiewicz

Wielkanoc w pałacu księcia Sapiehy

Działo się to dawno, bardzo dawno temu, bo na początku XVII wieku.
W pałacu u księcia Sapiehy urządzono dla licznych gości przyjęcie wielkanocne. Wydawanie przyjęć było ulubioną rozrywką szlachty i magnatów. Opisywano je później i porównywano kto lepsze przyjęcie urządził. Podliczano, ile cieląt, baranów, świń, jeleni, ptactwa zjedzono, jak długo trwała biesiada i ilu gości pałac pomieścił.

Przed rozpoczęciem uczty podchodziło do każdego gościa czterech dworzan gospodarza ze srebrną miednicą i dzbanem wody dla obmycia rąk. Dwaj inni lokaje trzymali ręczniki, by goście mogli wytrzeć ręce.
Każdy gość przyprowadzał sobie jednego służącego, który miał za zadanie obsługiwać go podczas przyjęcia.
W pięknej sali jadalnej, która w połączeniu z balową stanowiła ogromną przestrzeń, w czterech kątach ustawiono ogromne stoły przybrane gałązkami jałowca. Na każdym z nich ustawiono pieczonego dzika, nadzianego szynką, kiełbasą i pieczonym prosiątkiem. Liczba 4 (cztery kąty) symbolizować miała cztery pory roku. Pod dłuższą ścianą jadalni na długich stołach i długich srebrnych tacach leżały upieczone jelenie. Ich złote poroża obwieszone rajskimi jabłkami przypominały drzewa lub krzewy z bajki. Jelenie, a było ich dwanaście (tyle, ile miesięcy w roku), nadziane były pieczonymi zającami, bażantami i kuropatwami. Naokoło tych mięs ustawione było pieczywo i ciasta drożdżowe, które goście mogli kroić lub skubać racząc się pieczenią. Wypieków tych było na każdym stole 52 (tyle, ile tygodni w roku). Specjalne stoły gościły pieczone baby, takiej rozmaitości kolorów lukru i zdobionych napisów, że brakowało czasu, by każdą obejrzeć. (A było ich przecież 365 sztuk, czyli tyle, ile rok ma dni).
I znów win 12 gatunków (ile miesięcy w roku) po królu Stefanie i królu Zygmuncie.
52 (tyle ile tygodni w roku) win z Cypru, Hiszpanii i Włoch. 365 gąsiorów win węgierskich. Służba dostawała 8700 garnuszków miodu pitnego, bo tyle godzin w roku służyła magnatowi.
Ile dni ucztowano i ilu było gości – kroniki nie zapisały.

Takie biesiady opisują w swoich utworach pisarze i poeci polscy, bardzo często ganiąc obżarstwo, łakomstwo, zbytnią wystawność i pychę polskich magnatów.

Zastanów się i odpowiedz!

1. Opisz przyjęcie wielkanocne w pałacu księcia Sapiehy.
2. Czy podobała ci się (tak lub nie – i dlaczego) zgodność ilości jedzenia i picia z porami roku, ilością miesięcy, tygodni i dni roku?
3. Porównaj święcone w chłopskiej chacie z przyjęciem wielkanocnym u księcia.
4. Jaki jest twój stosunek do bardzo wystawnych, bogatych przyjęć, jeżeli tyle ludzi na całym świecie cierpi głód.

Szersze spojrzenie na temat

Wielkanoc – ruchome święto chrześcijańskie; to znaczy takie, które nie ma stałego miejsca w kaledarzu. Wyznaczają go: Słońce i Księżyc, podobnie jak przed wiekami ustaliły termin hebrajskiego święta Paschy. Gdy Ziemia pozwala Słońcu przekroczyć równik (około 21 marca), a Księżyc osiągnie fazę pełni, zawsze w pierwszą niedzielę po tych wydarzeniach następuje Wielkanoc.

Święcone – to pokarm, który święcimy w Wielką Sobotę. Jaja, wędliny, chleb, sól, chrzan, wypieki to podstawa wielkanocnego śniadania.

Wielkanocą jako największym chrześcijańskim świętem ludność wiejska, miejska i szlachecka żyła już od momentu Wielkiego Postu. Postu (wstrzemięźliwości od jedzenia mięs, ciast i picia wina) przestrzegano szczególnie na wsi.

Szlachta i magnaci nie podchodzili do tego tak rygorystycznie.

mal. J.K. Auerbach

Ludność wiejska w okresie postu jadała tylko żur, śledzie, kaszę i kapustę, dlatego nie ma się czemu dziwić, że w Wielki Piątek młodzież urządzała pogrzeb śledzia wieszając go na gałęzi.

Pieczenie bab wielkanocnych było całą ceremonią. Mężczyznom do kuchni był wstęp wzbroniony, bo mogli zapomnieć o tym, że podczas pieczenia nie wolno otwierać drzwi i okien. Wtedy z puszystych bab robił się zakalec. Ciasto w formach otulano białymi obrusami, utykano okna i drzwi, żeby nie było przeciągu. Wyjęte z pieca baby kładziono na puchowych pierzynach, żeby delikatnie, wolno traciły swą ciepłotę i nie opadały. Baby bez zakalców świadczyły o zaletach gospodyni.

formy bab wielkanocnych

W **Wielką Sobotę** zanoszono do kościoła lub do dworu (gdzie przyjeżdżał ksiądz) pełne kosze pisanek, chleba, soli, kiełbasy, chrzanu i drożdżowych bab.

Ucztę wielkanocną, najskromniejszą nawet, rozpoczynało się od dzielenia poświęconym jajem ugotowanym na twardo.

Następnie ruszano do stołu pełnego kiełbas, szynek, jaj, babek i mazurków. W domach bogatych na stołach pojawiały się pieczone prosięta, jelenie, sarny, bażanty. Wszystko to było przyozdobione gałązkami zielonych krzaczków borowiny. Ucztowano tak bogato i tak długo, jak kogo było na to stać.

bażant - ozdoba stołu

Poniedziałek wielkanocny - **śmigus-dyngus** był zawsze mokrym dniem. Woda lała się strumieniami, blisko rzek, strumieni i studzien. Każda dziewczyna chciała być oblaną. Świadczyło to o zainteresowaniu się jej urodą.

"Wrzaski, przeraźliwe piski nie ustawały.
Gęsi uciekały przerażone. Psy szczekały.
Woda lała się strumieniami po drodze.
Piekielny rwetes."

Zofia Kossak *"Rok polski"*

Kącik młodej, polskiej gosposi

Proste smakołyki wielkanocne

Sosy do jajek ugotowanych na twardo

Z awokado

2 łyżki majonezu
2 awokado
małe opakowanie jogurtu naturalnego
sok z pół cytryny
ząbek czosnku
cebula
łyżka posiekanej natki pietruszki
sól, pieprz

Z awokado wybrać miąższ i zmiksować z jogurtem, majonezem i sokiem z cytryny. Dodać posiekaną cebulę, zmiażdżony czosnek, natkę, sól i pieprz.

Tatarski

opakowanie jogurtu naturalnego
4 łyżki majonezu
po 2 łyżki posiekanych: korniszonów,
    grzybków marynowanych
    natki pietruszki
    szczypiorku
łyżkę posiekanych kaparów
sól, pieprz, cukier

Wszystkie przygotowane składniki dokładnie wymieszaj i dopraw do smaku solą, pieprzem i szczyptą cukru.

deser

Sernik na zimno

50 dag białego sera *(kremowego lub homogenizowanego)*
3 jajka
1.5 szklanki cukru pudru
10 dag rodzynek lub kilka owoców z puszki
2 łyżki masła lub margaryny
galaretka cytrynowa
paczka biszkopcików lub gotowy spód biszkoptowy
Do dekoracji: 3 galaretki cytrynowe, owoce mrożone lub świeże

Galaretki do sera i do dekoracji przygotuj w oddzielnych miseczkach. Do ich rozpuszczenia użyj połowy ilości wody podanej na opakowaniu. Odstaw do stężenia.
Masło utrzyj z cukrem pudrem oraz żółtkami. Ser wymieszaj z masą żółtkową, tężejącą galaretką i ubitymi na pianę białkami. Dodaj rodzynki i owoce z puszki.
Tortownicę wyłóż folią aluminiową. Na dnie formy połóż spód biszkoptowy lub biszkopciki, potem wyłóż masę serową, wyrównaj ją i rozłóż odsączone owoce. Zalej je tężejącą galaretką.
Wstaw na noc do lodówki.

72

Podsumowanie

■ Bez tradycji życie byłoby smutne, jałowe, pozbawione więzi międzyludzkich, uciech, zabaw i niespodzianek. Mniej byłoby możliwości okazywania sobie życzliwości i pamięci.

■ Podtrzymując tradycje na obczyźnie, jesteśmy silniejsi, czujemy się bardziej ze sobą związani.

Dzięki temu jesteśmy jedną, wielką, polską rodziną.

Wigilia powstańca – pocztówka

Wigilia na Syberii – mal. J. Malczewski

■ Łamanie się opłatkiem, chlebem, skromne śniadanie wielkanocne i życzenia przetrwania, dodawały otuchy tym, których wojenny los rzucił na tułaczkę, do obozów koncentracyjnych lub łagrów. Były łzy, szczególnie wtedy, gdy pamięć przywodziła obrazy dzieciństwa, szczęśliwego domu, matki, ojca, których najbardziej było brak w chwilach samotności. Ale i wtedy tradycje świąteczne miały swój blask.

Wigilia w polskiej szkole w USA

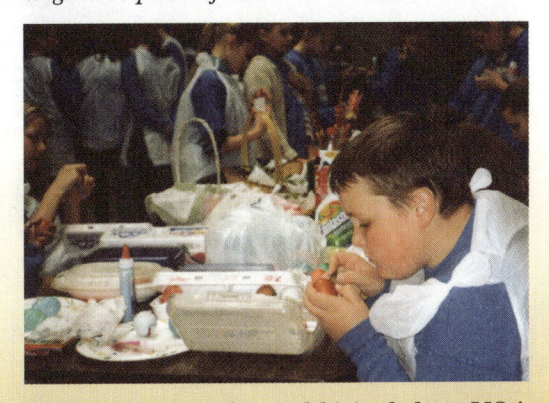

■ **W Was jest nadzieja na podtrzymanie tych pięknych wartości!**

Malowanie pisanek w polskiej szkole w USA

ROZDZIAŁ V

UCZYMY SIĘ OPISYWAĆ

Zima

Wiosna

Cztery pory roku

Jesień

Lato

OCENIAĆ I CHARAKTERYZOWAĆ

Rok polski
Zima

Zofia Kossak-Szczucka
(fragmenty)

styczeń

Przyczyna, dla której **styczeń** nazywa się **styczniem,** nie została wyjaśniona do końca. Uważano powszechnie, że miesiąc ten wziął swą nazwę od styku starego i nowego roku. Niektórzy uważali, że nazwa pochodzi od tyczenia *(oznakowania)* dróg zawianych śniegiem dla przejeżdżających lub wędrujących daną trasą. Teraz już nikt tego nie dochodzi.
Styczeń pozostał **styczniem.**
Kolorem dominującym tego miesiąca jest biel, śnieżna biel i błękit, lazurowy błękit.
Jaskrawość słońca i siarczysty mróz – to nieodłączne cechy **stycznia.**

luty

W **lutym** noce są już krótsze. Koniec zimy coraz bliżej.
Mijają srogie (**lute**) mrozy, którym ten krótki miesiąc zawdzięcza nazwę. Gospodynie na wsi kończą już swoje zimowe prace. Poduchy, kołdry, pierzyny i wełna na swetry już przygotowane.
Luty to niebezpieczny miesiąc dla osób samotnie wędrujących po zmroku. Wilki w tym czasie są bardzo głodne i agresywne. Zbliżają się do wsi, napadają, podkopują się pod chlewy i obory, wykradając gospodarzom bydło i trzodę chlewną.
Najlepiej o zmroku nie wychodzić z chaty. Ich błyszczące oczy sieją grozę.

marzec

Uwięzione lodem rzeki puszczają, a huk pękającej pokrywy lodowej daje znać o sile lodowej masy. **Bruzdami**, drogami, z pól, pagórków cieknąć strużki wody, i łącząc się, pędzą ku rzece. Nad szumiącą wodą pochylają się wierzby usiane jakby białym śnieżkiem, puszystymi baźkami /kotkami/.
Kępy drzew są jeszcze nagie, szare, brunatne, ale otacza je seledynowa zapowiedź wiosennej zieleni.

bruzdy – wgłębienia w ziemi

CHARAKTERYSTYKA POSTACI

Człowiek Zima

oprac. M. Pawlusiewicz

Typowe Zimy mają wyrazisty **koloryt**: ciemne, często czarne włosy, ciemne oczy, białą lub bardzo śniadą cerę.
• Człowiek Zima lubi kolory zimne: czystą, śnieżną biel, czerń, granat, szarość.
• Sylwetka Zimy jest wysportowana, muskularna, mocna.
• Człowiek Zima ma zimny charakter. Jest surowy, mało wrażliwy, bez zbytnich skłonności do wzruszeń. Bywa opryskliwy i pyszałkowaty. Koledzy mówią o nim – zuchwalec. Jest jednak ambitny i dąży do wytyczonego sobie celu.
• Kocha spać i lubi chodzić spać "z kurami" (wcześnie). Nie ma specjalnych zainteresowań, dlatego telewizja i film wypełniają jego wolny czas.
• Lubi zwierzęta i chętnie je dokarmia. Sam zresztą też ma "wilczy apetyt" *(duży apetyt)*.

koloryt – barwa, zespół barw dominujących, nadających ogólny ton obrazowi, przedmiotowi

Zdjęcia oraz przygotowanie artystyczne (kostiumy, makijaże) uczennic ze Szkoły im. M. Kolbe w Chicago – wykonała Joanna Czapla
W roli Zimy występuje – Karolina Wądołowska

Zastanów się i odpowiedz!

1. Wymień i scharakteryzuj zimowe miesiące.
   Zwróć uwagę, w jaki sposób w charakterystyce autorka połączyła opis z opowiadaniem.
2. W charakterystyce postaci "Zimy" wyszukaj przymiotniki opisujące i oceniające.
3. Spróbuj odszukać dwa porównania w charakterystyce marca.

Pamiętaj, że dwa człony porównania łączą się wyrazami: jak, jakby, niby.

4. Porównaj charakterystykę postaci Zimy z osobami w klasie urodzonymi w miesiącach zimowych. Czy widzisz jakieś wspólne dla nich cechy?

Pracuj nad rozwojem słownictwa!

CHARAKTERYSTYKA POSTACI

Charakterystyka łączy w sobie elementy opisu i opowiadania. Ona nie wylicza. Ona opowiada.

- Żeby umieć to robić w sposób właściwy, należy wnikliwie obserwować osobę, którą będziemy charakteryzować
- Następnie musimy nauczyć się oceniać, czyli trafnie i z zastanowieniem wybierać istotne cechy
- A potem już ładnie zebrać wszystko w formie wypowiedzi pisemnej lub ustnej.

Charakterystyka ma określony plan.

- Charakteryzując kogoś należy zaprezentować go z różnych stron:
– przedstawić postać (*imię i nazwisko, wiek, szkołę, pracę, miejce zamieszkania*)
– opisać wygląd zewnętrzny (*wzrost, kolor włosów, oczu, charakterystyczne cechy poruszania się, mimikę, gestykulację...*)
– przedstawić cechy charakteru (*usposobienie, temperament*)
– przedstawić zainteresowania i uzdolnienia (*hobby, talenty*)
– ocenić postać (*stosunek do innych: kolegów, rodziców, otoczenia, z którym się styka, zwierząt*)

Charakterystyka lub tylko jej elementy są potrzebne w życiu codziennym
np. *w staraniu się o pracę, zgłaszaniu swojej osoby do konkursów, przedstawieniu danej osoby innej osobie, prezentacji osoby podczas wywiadu, zebranym gościom, itp.*
Charakterystyka to nie tylko wyliczenie cech, ale ich poświadczenie np. *Krysia to pilna uczennica, bo zawsze ma odrobione lekcje, starannie prowadzi zeszyt.*

UCZMY SIĘ KULTURY W OPISYWANIU I OCENIANIU CZŁOWIEKA

■ **Oceniając drugiego człowieka bądź zawsze uczciwy.**

- Jeśli nawet dostrzegasz jego wady, rób to w sposób obiektywny, nigdy złośliwy.
- Staraj się zawsze znaleźć w drugim człowieku dobro.
- Nie kieruj się zdaniem innych.
- Bądź rozważnym, a prawdę pisz w sposób delikatny, subtelny.

■ **Człowiek delikatny mówi:**

- **X** zachowuje się niegrzecznie, nietaktownie.
- **Nigdy:** **X** jest okropnym chamem!
- **X** nie zawsze w swoim postępowaniu kieruje się rozwagą. Na przykład najpierw coś powie, a potem pomyśli.
- **Nigdy** – **X** to ostatni dureń, głupiec, gbur.

■ **Bądź zawsze odpowiedzialny za słowo!**

PAMIĘTAJ! – Słowem można: obmówić, podburzyć, zastraszyć, oczernić, skłamać.
Słowem można skrzywdzić.
Obowiązuje nas więc takt i wyczucie!

Postaraj się opanować słownictwo związane z charakterystyką człowieka

UCZMY SIĘ OPISYWAĆ CZŁOWIEKA

wygląd zewnętrzny

wysoki ⟷ *niski*
otyły, tęgi, gruby ⟷ *chudy, szczupły, wysmukły*
przystojny, ładny, urodziwy ⟷ *brzydki, nieciekawy, odpychający*
gęste, bujne włosy ⟷ *rzadkie, mizerne, słabe włosy*
śniada cera ⟷ *blada cera*
orli, zakrzywiony nos ⟷ *prosty nos, długi nos*
bystre, sokole oczy ⟷ *smutne, mało wyraziste*

UCZMY SIĘ CZŁOWIEKA ROZUMIEĆ I OCENIAĆ

cechy charakteru i umysłu

ambitny, dąży do celu ⟷ *bez ambicji, mało ambitny*
aspołeczny, samolubny, egoistyczny ⟷ *otwarty, lubiący ludzi, hojny*
bezinteresowny, dobry, szlachetny ⟷ *interesowny, nieżyczliwy, nieskłonny do poświęceń*
błyskotliwy, zdolny, bystry, rezolutny ⟷ *ciężki w myśleniu, mało inteligentny, ślamazarny*
energiczny, rzutki, szybki ⟷ *powolny, mało ruchliwy, ciężki, żółw, niedźwiedź*
łagodny, pogodny, cichy, zrównoważony ⟷ *gwałtowny, porywczy, wybuchowy*
dobry, sprawiedliwy, obiektywny ⟷ *zły, zuchwały, niesprawiedliwy*
punktualny ⟷ *spóźnialski*
pilny, pracowity ⟷ *leniwy*

ZWIĄZKI WYRAZOWE (FRAZEOLOGICZNE) CHARAKTERYZUJĄCE CZŁOWIEKA

w mowie potocznej

ma zajęcze serce ⟷ *płochliwy, lękliwy*
człowiek "cicha woda" ⟷ *na pozór cichy, nieśmiały*
ma złote ręce ⟷ *zręczny, umiejący wiele zrobić, naprawić*
urodzony w niedzielę ⟷ *leniwy, ma dwie lewe ręce*
ma głowę na karku ⟷ *sprytny, zaradny*

5. Na podstawie cech opisujących i oceniających podanych w tabelkach napisz charakterystykę swojego najlepszego przyjaciela lub kolegi/koleżanki.

Podziękowanie

ks. Jan Twardowski

Dziękuję Ci, że nie jest wszystko tylko białe albo czarne

za to że są krowy łaciate

bladożółta psia trawka

kijanki są od spodu oliwkowozielone

dzięcioły pstre z czerwoną plamą pod ogonem

pstrągi szaroniebieskie

brunatnofioletowa wilcza jagoda

złoto co się godzi z każdym kolorem

policzki piegowate....

Rok polski
Wiosna

Zofia Kossak-Szczucka
(fragmenty)

kwiecień

Na łąkach żółciutkie gąsięta szczypią trawę.
Rowy pełne są wody i kęp kwitnących kaczeńców.
Słońce już mocniej dogrzewa, ale często jeszcze ostry północny wiatr sypnie śniegiem, a wtedy drzewa wyglądają jak obsypane kwieciem.
Jaskółki śmigają nad rzeką, bociany wróciły do swoich gniazd.
To już nie przedwiośnie!
To wiosna całą gębą.

maj

Maj jest najpiękniejszym ze wszystkich miesięcy.
Słowiki śpiewają, kukułka kuka i wróży, a jej dar przepowiadania słynie w wielu krajach słowiańskich. Dziewczęta pytają: za ile lat wyjdę za mąż?
Słuchają odpowiedzi – ku-ku, ku-ku...
W maju można usłyszeć jak rośnie trawa.
Nie wierzysz?
Wstań o świcie, to usłyszysz szmer rozsypujących się pod naporem tysięcy kiełków grudek ziemi *(człowiek, rośliny, zwierzęta rosną nad ranem)*. To natura **pochwycona na gorącym uczynku**,
to głos samego życia.
złapać, pochwycić na gorącym uczynku – zobaczyć kogoś *(przez zaskoczenie)* w trakcie robienia czegoś

czerwiec

Czerwiec... najdłuższe dni, najkrótsze noce, ciepłe i wonne, rozjaśnione błyskaniem świętojańskich robaczków. Szczytowy punkt lata. Rytmiczne kumkanie żab w strugach i stawach o zmierzchu.
"...Żadne żaby nie grają tak pięknie, jak polskie..." Dla każdego rozbitka *(emigranta)* osiadłego poza krajem, usłyszeć polskie żabie chóry może być interesującym przeżyciem.

CHARAKTERYSTYKA POSTACI

Człowiek Wiosna

oprac. M. Pawlusiewicz

Zdjęcia oraz przygotowanie artystyczne (kostiumy, makijaże) uczennic ze Szkoły im. M. Kolbe w Chicago – wykonała Joanna Czapla W roli Wiosny występuje – Samanta Kania

Uroda Wiosny określana jest jako prawdziwie polska: włosy jak len, oczy jak niezapominajki i różowe policzki.
• Wiosny mają cerę w kolorze jasnej brzoskwini lub kości słoniowej. Ich włosy są jasnoblond lub złotobrązowe. Oczy są niebieskie, z domieszką turkusu.
• Ogólnie kolory wiosny są ciepłe, delikatne: kość słoniowa, ciepła szarość *(jak futro perskiego kota)*, złoty brąz, jasna czekolada, czerwień poziomkowa, pomarańczowo-morelowy.
Wiosny nie lubią zimnych barw takich jak: szafir, amarant, śliwka, ciemny brąz.
• Sylwetka Wiosny jest szczupła, niezbyt wysoka, zgrabna.
• Charakter delikatny, marzycielski. Wiosna jest naturalna, pogodna. Zawsze prawdomówna, taktowna i honorowa. Ma więc wielu przyjaciół. Bywa skłonna do płaczu, można ją łatwo urazić.
• Wiosna jest uzdolniona muzycznie i wszędzie tę muzykę słyszy: w szumie potoków, w trelach ptaków, w kołysanych przez wiatr drzewach. Kocha zwierzęta domowe. Jej ulubieńcem jest puszysty perski kot.

Zastanów się i odpowiedz!

1. Przeczytaj dokładnie charakterystykę wiosennych miesięcy. Sięgnij do swoich obserwacji i dopisz informacje, które według ciebie przyczynią się do pełniejszego obrazu każdego miesiąca.

2. Napisz charakterystykę miesiąca maja. Spróbuj przełożyć poetycki język jakim posługuje się autorka na prosty opis charakterystycznych jego cech.

3. W charakterystyce postaci "Wiosny" zaznacz dwoma różnymi kolorami cechy pozytywne, i te cechy, które na pewno nie ułatwią Wiośnie życia.

Pracuj nad rozwojem słownictwa!

Wiosna to cała gama KOLORÓW.

Aby umieć określić wszystkie odcienie i tony, należy zapoznać się z tabelką poniżej.

Czasem wyrazy - **kolor** i **barwa** stosowane są wymiennie.
Malarze jednak widzą różnice, twierdząc, że **barwa** ma szersze znaczenie.
Mówimy na przykład o **barwach jesieni** *(żółto-brązowo-czerwone)*, **barwach narodowych** *(biało-czerwonych)* - polska flaga.

- **Kolor** jako nazwa jest używany częściej i dotyczy farby.

Plastycy widzą **trzy zasadnicze kolory:**   czerwony   niebieski   żółty

Są jeszcze **kolory tzw. pochodne:**

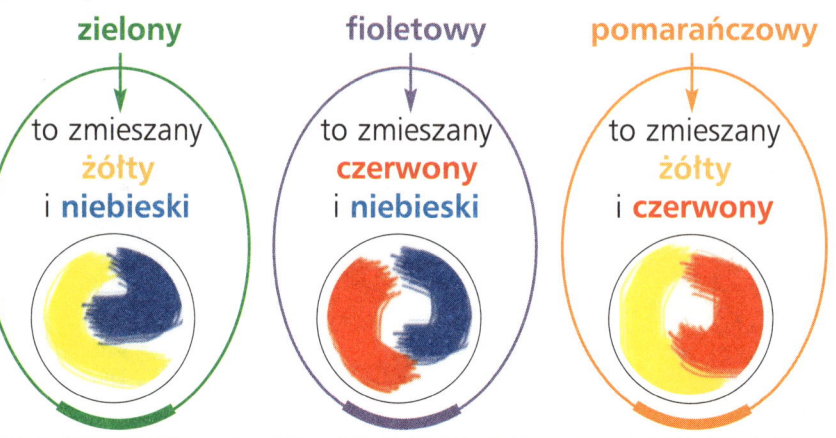

zielony — to zmieszany żółty i niebieski

fioletowy — to zmieszany czerwony i niebieski

pomarańczowy — to zmieszany żółty i czerwony

---

biel *(rzeczow.)* **biały** *(przymiot.)*   ← *kolory kontrastujące* →   **czerń** *(rzeczow.)* **czarny** *(przymiot.)*

Każdemu **kolorowi** przypisuje się pewien zespół cech:

- **jasności** – np. jasny brąz, jasny beż, ciemny róż

- **nasycenia** (intensywność, ton, odcień) – malinowy róż, czerwień amarantowa, cytrynowa żółć

- **temperatury**: kolory ciepłe (ognia) – czerwień, pomarańczowy, żółty
  kolory zimne (lodu, wody) – śnieżna biel, zielony, niebieski, szafir

Jasny [brąz *(rzeczownik)*] to odcień brązu, czyli kolor **jasnobrązowy** *(przymiotnik)*. Jasny [beż *(rzeczownik)*] to odcień beżu, czyli kolor **jasnobeżowy** *(przymiotnik)*. Ciemny [róż *(rzeczownik)*] to odcień różu, czyli kolor **ciemnoróżowy** *(przymiotnik)*, a niebieski z odcieniem szarym to **szaroniebieski**.

PRZYMIOTNIKI ZŁOŻONE oznaczające kolory tworzymy przez dodanie **o** w środku wyrazu, np:

szar**o**niebieski
oliwkow**o**zielony
szar**o**brązowy
jasn**o**popielaty
ciemn**o**niebieski

*Przymiotniki te dotyczą odcieni kolorów. Piszemy je **łącznie**.*

Pracuj nad rozwojem słownictwa!

Rozróżnianie kolorów i ich odcieni sprawia problemy szczególnie chłopcom, a w przyrodzie mamy ogromną ilość kolorów, które mogą nam pomóc w ich nazwaniu. We wszystkich językach świata, także i w polskim, na oznaczenie kolorów i ich odcieni istnieją słowa, które pochodzą od nazw kwiatów, owoców, minerałów i zwierząt.

Mówimy bowiem:

od kwiatów	kolor bzu kolor wrzosu kolor różowych róż
od owoców	pomarańczowy, bananowy, cytrynowy, kiwi, brzoskwiniowy, śliwkowy, oliwkowy
od przypraw	waniliowy, paprykowy, cynamonowy
od nazw minerałów i metali	bursztynowy, rubinowy, szmaragdowy, brązowy, platynowy, metalicznie szary, złoty, turkusowy
od zwierząt	łososiowy, kość słoniowa, kruczoczarny

Takie nazywanie kolorów jest łatwe i praktyczne, odwołuje się bowiem do naszego doświadczenia. Powinniśmy brać przykład w nazywaniu kolorów barwy otaczającego nas świata.
I powinniśmy to robić! To wzbogaca nie tylko naszą wyobraźnię, ale i język.

> *Przymiotniki złożone piszemy **rozdzielnie**, jeśli nazywają one dwa odrębne kolory i świadomie możemy postawić między nimi spójnik i.*

np:
zielono – żółta tzn. **zielona** i **żółta**
Ta sukienka jest zielono – żółta. Czyli jedna jej część jest **zielona,** a druga - **żółta**.

Ojciec miał buty czarno – brązowe. To znaczy, że część buta (np. nosek i pięta) była czarna, a pozostała część - **brązowa**.

Ubrany był w kolorach czarno – srebrnych.
Miał np. **czarną** marynarkę i spodnie, ale kamizelka i muszka były srebrne.

Pamiętajmy, że kolory możemy nazywać nie tylko przy pomocy przymiotników, ale i rzeczowników, np: beż, rubin, zieleń, fiolet, brąz, czerwień, złoto, amarant, turkus, czerń.

3 PRAKTYCZNA LEKCJA CHARAKTERYSTYKI

Lucy Moud Montgomery
„Ania z Zielonego Wzgórza"
(ang. „Anne of Green Gables")

Powodem napisania tej powieści był artykuł w gazecie kanadyjskiej mówiący o fatalnej pomyłce, jaka przydarzyła się starszemu, samotnemu rodzeństwu, które chcąc adoptować chłopca - otrzymało dziewczynkę. Losy Ani opisane w ośmiu tomach są fascynujące i do dzisiaj stanowią ulubioną lekturę młodzieży w waszym wieku.

Drugi i trzeci dzień Ani na Zielonym Wzgórzu.

- Zauważyłam wczoraj, że rozrzuciłaś ubranie po całym pokoju, gdy przebierałaś się do spania – powiedziała Maryla do roztargnionej Ani. – Jeśli chcesz tutaj zostać powinnaś się bardzo starać.
- Wiem. Tak nas uczono w sierocińcu, ale ja tak szybko chciałam wskoczyć do łóżka, żeby pomarzyć.
- A modlitwa Aniu? Czy ty żyłaś w tym sierocińcu jak zwierzątko?
Rano Maryla dała Ani trochę drobnych prac do wykonania pilnie ją przy tym obserwując. (Przecież ważyły się jej losy – pozostanie na Zielonym Wzgórzu czy powróci do sierocińca?). Maryla doszła jednak do wniosku, że dziewczyna jest pilna, chętna do pracy i bystra. Żeby tylko przestała marzyć w trakcie pracy i żeby płacz, i śmiech nie był u niej na każde zawołanie.
- Będę mogła zostać panno Cuthbert? – Ani zakręciła się łezka w oku.
- Zostaniesz – odrzekła szorstko. – Nazywaj mnie po prostu Marylą.
- Ależ to świadczy o braku szacunku – zaprotestowała Ania.
- Nic podobnego. Jeśli powiesz to z szacunkiem, to zabrzmi to najbardziej właściwie. Tu w Avonlea wszyscy nazywają mnie Marylą.
- Panno Marylu, nawet nie wiesz ile tracisz, że nie mogę nazywać cię moją ciocią. W mojej wyobraźni już jesteś najpiękniejszą, najcudowniejszą ciocią na świecie.
- Znowu ta twoja bujna wyobraźnia i twoje gadulstwo. Pacierz i spać!

Czwarty dzień w Avonlea

- Marylu, czy myślisz, że kiedykolwiek będę miała tutaj przyjaciółkę od serca?
- Jaką przyjaciółkę?
- Taką od serca. Marzę o takiej oddanej, serdecznej, z którą mogłabym podzielić się najskrytszymi myślami. Tyle marzeń już mi się spełniło, to może i to się spełni?

GŁÓWNEGO BOHATERA POWIEŚCI

- Diana, która mieszka w pobliżu jest mniej więcej w twoim wieku. To miła, dobrze wychowana i bardzo ładna dziewczynka. Ma czarne oczy, czarne włosy, rumiane policzki i jest nieco od ciebie niższa.
- I nie jest ruda, chuda i piegowata tak jak ja? – To dobrze! Cieszę się, że jest ładna. Jeśli sama nie mogę być piękna, bo jest to absolutnie niemożliwe, to wielką pociechą jest fakt, że będę miała piękną przyjaciółkę.
Maryla popatrzyła z uwagą na Anię.
- Czy myślisz Marylu, że to nie zrani uczuć moich dwóch przyjaciółek z sierocińca – Kathy i Violetty, bo pojawi się w moim życiu ktoś nowy? Nie chciałabym nikogo zranić.
- Nie sądzę.
Ania uśmiechnęła się, przesłała kilka pocałunków w stronę kwitnącego drzewa i pogrążyła się w swoich marzeniach.
Dzieci w szkole dowiedziały się już o nowej mieszkance Zielonego Wzgórza.
Pani Linde zdążyła już im powiedzieć, że Ania jest nieco dziwna, gwałtowna i gadatliwa. Poza tym rozmawia z kwiatkami na łące, duchami w lesie, udaje, że jest wiatrem i tańczy z drzewami.
Na głowie nosi wianki albo kapelusze upstrzone jakimiś polnymi ziołami.

Trzy tygodnie później

- Od dzisiaj będziemy mieć w swojej klasie Gilberta – powiedziała Diana – On zawsze był prymusem. Ma czternaście lat, ale przez trzy lata miał przerwę w nauce szkolnej. Jego ojciec zachorował i musiał wyjechać do Alberty.
- Cieszę się, że będzie w tej samej klasie co ja. To żadna przyjemność być najlepszą wśród dziesięciolatków – odpowiedziała Ania.
- Wiesz Aniu co powiedział swojej matce o tobie Karol Sloane? – Że jesteś najinteligentniejszą dziewczyną w szkole, a to lepsze niż być ładną.
W tym momencie dziewczynki weszły do klasy i usiadły obok siebie.
- Zobacz, równolegle do ciebie, w sąsiednim rzędzie siedzi Gilbert. Powiedz czy nie jest przystojny?
Ania mogła mu się przyjrzeć, bo zajęty był właśnie przypinaniem długiego warkocza Ruby Gilles do oparcia jej krzesła. Był to wysoki szczupły chłopiec o brązowych, kręconych włosach, śmiałych, orzechowych oczach i kpiarskim uśmiechu. Zauważył jej wzrok i mrugnął filuternie okiem.
- Istotnie przystojny – stwierdziła Ania, ale niezwykle pewny siebie. Żeby tak śmiało mrugać do obcej osoby!
Lekcje i przerwy minęły w miłej, sympatycznej atmosferze. Ponieważ Ania przez cały dzień nie zwracała na Gilberta uwagi, nie wytrzymał. Chwycił za jeden z jej długich warkoczy i szepnął przenikliwie: Marchewka! Marchewka!
Zerwała się wściekła i z furią zawołała: Ty wstrętny, obrzydliwy chłopaku! Jak śmiesz!

To co się działo później, trudno opisać…

Zastanów się i odpowiedz!

1. Jeśli znasz losy Ani z Zielonego Wzgórza lub ciekawe epizody z jej życia, zapoznaj z nimi kolegów i koleżanki w klasie.
2. To krótkie opracowanie tekstu z pierwszego tomu „Ania z Zielonego Wzgórza" ma być próbą sił w pisaniu charakterystyk głównych bohaterów. Zajrzyjcie do poprzednich dwóch lekcji, przeczytajcie instrukcję do charakterystyki, wypunktujcie najważniejsze jej części i… miłej pracy w grupach lub samodzielnie!

ROZDZIAŁ VI I TY MOŻESZ ZOSTAĆ POETĄ!

M. Pawlusiewicz

Daj ponieść się wyobraźni.
Zamknij oczy,
to pomaga!
Co widzisz?

– Pisz!

Jeżeli z wiosną
skrzydła ci rosną
i czujesz zapach kwiatów,
uważaj! –
nadchodzi
wewnętrzne *tchnienie*!

Jeżeli wyraźnie słyszysz
wewnętrzny głos:
Jesteś gotowy!

Bądź mu posłuszny.
Weź pióro i pisz!

Podobno poetom
wolno zmyślać –
więc zmyślaj!

PRÓBUJ SWOICH SIŁ!

Poeta jest twoim bratem
Janusz Stanisław Pasierb

Poeta jest twoim nieznośnym bratem
który – kiedy biegniesz – mówi
zatrzymaj się obejrzyj
obejrzyj się
obejrzyj się za siebie
zobacz kwitnący biało oleander
powąchaj liść orzecha
dotknij jakie chłodne uszy ma jamnik
spojrzyj światu w oczy...

Kim jest poeta? – takie pytanie może wam zadać nauczyciel.
– Co odpowiesz?
Że jest na pewno człowiekiem zdolnym, marzycielskim, wrażliwym, o dużej wyobraźni, mówiącym pięknym językiem.
Tak, to prawda!
Czy możesz nim zostać?
Tak. Jesteś w klasie szóstej. Twoja wrażliwość zwiększa się z wiekiem. Przychodzą chwile marzeń, wzruszeń, pierwszych miłości, czasem chwile buntu, wspomnień.
Co wtedy robisz?
Wielu waszych rówieśników "chwyta za pióro", i w którymkolwiek języku jest im wygodniej (w polskim czy angielskim) pisze.
Pisze, chociażby dlatego, żeby wyrzucić z siebie to, co ich boli, smuci, zadziwia czy wzrusza.
Podobno – jak twierdzi znana wam poetka, Joanna Kulmowa, potrzeba pisania wierszy przychodzi nagle. Zupełnie nagle, bez żadnego przygotowania, bo człowiek z natury jest twórczy. Człowiek albo tworzy rzeczy materialne – robi wynalazki, konstruuje, buduje, albo tworzy w swoim umyśle coś, czego nie można zmierzyć, czy zważyć. To są właśnie wiersze, książki, scenariusze teatralne i filmowe.

Poezja wymaga jednak wrażliwości. Nie każdy potrafi zestawić tak pięknie słowa, by budziły zachwyt i wywołały określone uczucia i obrazy. Ale trzeba próbować i uczyć się dostrzegać piękno i dobro wokół siebie.
Janusz Korczak – pisarz i ogromny przyjaciel dzieci *(zginął z dziećmi ze swego sierocińca w Treblince)* pisał:
"Jest wiele ludzi dorosłych, którzy piszą dlatego, że się nie wstydzą. Są dzieci, które mają wiele ciekawych pomysłów, uwag i spostrzeżeń, a nie piszą, bo nie mają odwagi."

Więc może warto się odważyć?
Wasi rówieśnicy w Polsce, a także młodzież polskich szkół na świecie – tworzy poezję w języku polskim i często sama zadaje sobie pytanie: *Czy to już jest poezja?*

Wiersz

Ania Zawadzka
Szkoła im. ks. prałata T. Cholewińskiego w Chicago

Wiersz to pachnące wspomnienia,
To górnolotne marzenia.

Do wiersza czasem uciekam,
Od trosk szarego człowieka.

Wiersz jest balsamem na rany,
To zapach kwiatów niezapomniany,

Wiersz to wiadomość zamknięta w butelce,
To szum wakacji w morskiej muszelce.

Zastanów się!

1. Czy ty czujesz tak samo?

Poezja

Karolina Podgórny
lat 11, Polska

Poezja?
Poezja to moja mama
Poezja to kwiat na łące
I księżyc na gwiaździstym niebie
I biedronka na czterolistnej koniczynie.
Poezja to chora siostra
Poezja to rozbita szklanka
Albo zużyty pantofel
albo zniecierpliwiony przechodzień
Poezja to wszystko co widzisz dookoła
ale piękniej.
Zamknij oczy
Widzisz?
Słyszysz?
Już teraz wiesz?

Oczyszczenie

Tadeusz Różewicz

Nie wstydźcie się łez,
nie wstydźcie się łez młodości poeci.

Zachwycajcie się księżycem,
nocą księżycową,
czystą miłością i pieniem słowika.

Nie bójcie się wniebowzięcia,
sięgajcie po gwiazdę,
porównajcie oczy do gwiazd.

Wzruszajcie się pierwiosnkiem,
pomarańczowym motylem,
wschodem i zachodem słońca.

Sypcie groch łagodnym gołębiom
obserwujcie z uśmiechem
psy, kwiaty, nosorożce i lokomotywy...

Naiwni uwierzycie w piękno
wzruszeni uwierzycie w człowieka

Nie wstydźcie się łez
nie wstydźcie się łez młodzi poeci.

Zastanów się i odpowiedz!

2. Jakie rady daje młodemu pokoleniu poeta Tadeusz Różewicz?
a) Na co was uczula?
b) W jaki sposób chce was nauczyć dostrzegać piękno?
c) Do czego was namawia?
3. Weź do ręki kwiat, piękną filiżankę, korale mamy, żołnierzyka, pierścionek i powiedz do nich lub o nich coś miłego.

Szersze spojrzenie na temat

Najważniejsza w poezji jest wyobraźnia, którą kształtujemy w sobie poprzez czytanie książek.
Tak, czytanie i jeszcze raz czytanie.
Telewizja jest wrogiem wyobraźni. Tam są gotowe już obrazy!
Ktoś, kto tylko ogląda telewizję, a nie czyta książek, nie potrafi już marzyć ani opowiadać o swoich przeżyciach.

"Wiersze to jeszcze jeden sposób mówienia do drugiego człowieka *(ale i samego siebie)*.
To jeszcze jeden sposób na pokazanie piękna boskiego świata.
Zachwyca mnie otaczający świat, jego kolor, dźwięk, zapach, różnorodność. (...)
Długo i cierpliwie uczyłem się przyrody, czytam książki przyrodnicze. Zbieram zielniki. (...) Widzę urok szpaka, wilgi, dzikiego królika, szorstkowłosego wyżła...
Wiem, że liść wiązu drapie, że gryka rośnie na czerwonej łodydze, że gile mają nosy grube, a dudki krzywe, że pstrągi są szaroniebieskie, a wilcza jagoda brunatnofioletowa. Zdumiewam się i zachwycam urodą i dziwnością widzialnego i niewidzialnego świata. Interesuje mnie wszystko: ptaki, kwiaty, owady, kamienie.
A zamiast o katedrach, o gotykach – wolę pisać o drzewach, które mają w sobie coś ze wspomnień raju. Świat jest naprawdę cudowny."

Jan Twardowski

Zastanów się i odpowiedz!

4. Czym dla poety Jana Twardowskiego są jego wiersze?
5. Co musiał poeta poznać, by umieć właściwie opisać otaczającą go przyrodę?
6. A teraz spróbuj swoich sił. Ułóż rymowankę.

np. Kocham kwiaty oraz ludzi *gdy mnie rano nikt nie budzi.*	Niech mnie nikt do niczego nie zmusza *bo i tak nigdy nie będę nosił ....*
Ślimak, ślimak wystaw rogi, *dam ci sera na pierogi*	Biedroneczko leć do nieba *przynieś mi _____*
Kocham mamę, kocham tatę *i na spodniach moich* _____	Telewizja oczy psuje _____
Nie hałasuj, nie krzycz tyle _____	Dobra książka uczy wiele _____

6. Napisz wiersz o motylu.

Motyl

Napisał/ła ....

Poezja kwiatów

Kwiaty tak mocno związały się z polską tradycją, że niektórzy badacze kultury pisali nawet, że tam, gdzie kwitną pelargonie i róże, tam kwitnie polskość.

Rota/98r.

Kwiaty to najpiękniejsze dzieło Boga! Są piękne, bajecznie kolorowe, delikatne, kruche, misterne, łagodne i tak niewinne.

Nie ma chyba na świecie człowieka, który nie kochałby kwiatów. Kwiat jest jak człowiek – kocha słońce, wodę i tych, którzy go otaczają, opiekując się nim. Kwiat tak jak człowiek rodzi się, rozkwita i umiera. Kochamy kwiaty i tę miłość odnajdujemy też w poezji i prozie waszych rówieśników z polskich szkół.

Po co żyjemy?

Beata Ostrowska, lat 12,
Polska Szkoła im. T. Kościuszki w Chicago

Żyjemy po to, żeby żyć?
Nie!
Żyjemy po to, by żyć dla innych.

Tak piękny świat stworzyłeś Boże
– jak go nie kochać?

Tak piękne kwiaty stworzyłeś Boże
– jak ich nie podziwiać!
Przecież żyją tak krótko!

Więc – moje róże, bzy w ogródku mamy,
narcyzy i nasturcje – kocham Was!

Zastanów się i odpowiedz!

1. Czym zachwyca się autorka wiersza pt. "Po co żyjemy"?
2. Do jakiego wniosku dochodzi?
3. Jakie kwiaty wspomina? Czy znasz je? Spróbuj je opisać.

91

Kwiaty

Ołena Kowalska, lat 12
Polska szkoła w Wilnie

Urodziłam się wiosną, w maju. Od samego początku w moim sercu pojawiła się iskierka miłości do kwiatów. Kiedy rano wstaję, kwiaty pomagają mi żyć, cieszyć się światem, każdym dniem.

Moimi ulubionymi kwiatami są przebiśniegi. Są to pierwsze kwiaty po długiej zimie. Jeszcze nie ma trawy, a one czarują nas białym kwieciem.

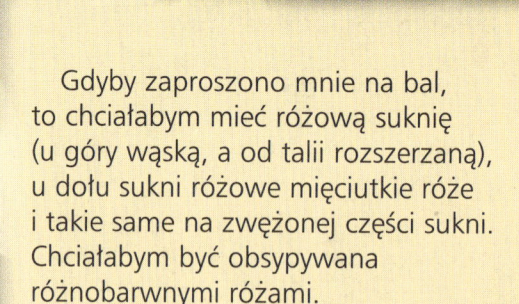

Gdyby zaproszono mnie na bal, to chciałabym mieć różową suknię (u góry wąską, a od talii rozszerzaną), u dołu sukni różowe mięciutkie róże i takie same na zwężonej części sukni. Chciałabym być obsypywana różnobarwnymi różami.

Moja ślubna suknia ma być jak balowa, lecz biała jak śnieg. Ślubny bukiet z białych róż i zielonych liści paproci, a na głowie piękna korona z koralików.

Bardzo lubię kwiaty. Myślę, że bez nich świat byłby nudny, ponury, szary. Cieszmy się więc ich urodą dopóki możemy. sadźmy je tam, gdzie ich brakuje.

4. Co sądzisz o wrażliwości młodej autorki i jej stosunku do kwiatów?
5. Odszukaj zdania, które najbardziej określają jej wrażliwość na piękno kwiatów.

"W ogródku Zosi" *(Czyta nauczyciel)*

Adam Mickiewicz
fragm. "Pan Tadeusz"

(Młody Tadeusz powraca do Soplicowa)
...Biegał po całym domu i szukał komnaty
Gdzie mieszkał dzieckiem będąc, przed dziesięciu laty.
Wchodzi, cofnął się, toczył zdumione źrenice
Po ścianach: w tej komnacie mieszkanie kobiece?
Któż by tu mieszkał?...
...na oknach donice z pachnącymi ziołki,
Geranium, lewkonija, astry i fijołki.
Podróżny stanął w jednym z okien – nowe dziwo:
W sadzie, na brzegu niegdyś zarosłym pokrzywą,
Był maleńki ogródek, ścieżkami porznięty
Pełen bukietów trawy angielskiej i mięty...
Grządki, widać, że były świeżo polewane;
Tuż stało wody pełne naczynie blaszane
Ale nigdzie nie widać było ogrodniczki;
Tylko co wyszła: jeszcze kołyszą się drzwiczki
Świeżo trącone...

W pokoju Tadeusza, który zajmował przed laty,
mieszkała teraz Zosia, młoda wychowanka gospodarzy.
Tadeusz o tym nie wiedział i stąd to zdziwienie.

6. Na co zwrócił uwagę Tadeusz?
7. Dlaczego w pięknie ogródka podejrzewał rękę kobiety?

Zosia z filmu A. Wajdy pt. "Pan Tadeusz"

93

Kwiaty w polskich domach

Przy polskim domu często rośnie brzózka i pnie się dzikie wino. W wielu polskich domach tu, na obczyźnie pielęgnujemy kwiaty w donicach, skrzynkach lub przydomowych ogródkach.
To one właśnie przypominają naszym mamom, babciom ich okna w Polsce pełne pelargonii, nasturcji i geranium.

Wspominają o tym Polacy, których los rozrzucił po całym świecie.

Przywieźcie mi...

Maria Zamora
poetka emigracyjna, założycielka Szkoły im. Tadeusza Kościuszki w Chicago

...Przywieźcie mi z Ojczyzny
zapach liści na wiosnę
Kwiat różany spod płotka
Trochę piasku znad Strypy...

Niewiele pragnę, niewiele
Domu białego zwyczaje
Te bzy pachnące majem
I sygnaturkę w niedzielę.

Strypa – rzeka na wschodnich terenach Polski, dzisiaj na terenie Ukrainy
sygnaturka – najmniejszy dzwon kościoła

8. Za czym tęskni autorka wiersza?

Wspomnienia

Czesław Paszkowski
Francja

... Do mojego domku
po różowych drogach
przybiegały drzewa.
A na ludzkich nogach
kwiaty, jak nimfy bose
z wiaderkami pereł
do studni po rosę.

9. Jaki nastrój wywołują wspomnienia autora wiersza? Wskaż uosobienia.

Wiśniowe kwiecie

Jan Kotlański
Londyn, Wielka Brytania

Od dawna jestem w Walii
ale i teraz gdy oczy zamykam
i uszy nadstawiam
to zdaje mi się (lub tak sobie wmawiam)
że czuję kwiecie wiśniowego sadu
i zapach dzwonków konwalii.

10. O czym świadczą te trzy wiersze? Jak można nazwać to uczucie?

SPOTKANIE Z PIOSENKĄ

Ćwiczenia w słuchaniu i rozumieniu treści

Polskie kwiaty

muzyka: S. Magdalena Nazaretanka
słowa: S. Magdalena Nazaretanka

1. Śpiewa ci obcy wiatr,
zachwyca wielki świat,
a serce tęskni.
Bo gdzieś daleko stąd,
został rodzinny dom,
tam jest najpiękniej.
– Tam właśnie teraz rozkwitły kwiaty:
stokrotki, fiołki, kaczeńce i maki.
– Pod polskim niebem w szczerym polu wyrosły
ojczyste kwiaty,
w ich zapachu, urodzie jest Polska.

2. Żeby tak jeszcze raz
ujrzeć ojczysty las,
pola i łąki...
I do matczynych rąk
przynieść z zielonych łąk
rozkwitłe pąki.
– Bo najpiękniejsze są polskie kwiaty:
stokrotki, fiołki, kaczeńce i maki.
– Pod polskim niebem...

3. Śpiewa ci obcy wiatr,
tułaczy los cię gna,
hen gdzieś po świecie
– Zabierz ze sobą w świat,
Zabierz z rodzinnych stron
mały bukiecik:
stokrotki, fiołki, kaczeńce i maki.
– Pod polskim niebem...

POEZJA ŚPIEWANA

Zastanów się i odpowiedz

1. Posłuchaj w skupieniu treści piosenki.
2. O czym mówi pierwsza zwrotka?
3. O jakiej porze roku wspomina autorka?
4. Jakie rodzaje kwiatów pojawiają się w treści piosenki?
5. O jakim zasadniczym marzeniu wspomina autorka?
6. Jak określiłbyś /określiłabyś jednym słowem lub wyrażeniem stan uczuciowy poetki?
7. Wypisz inne wyrazy, które określają jej stan.
8. Rozwiń słownictwo tematu lekcji.

9. Napisz baśń związaną ze swoim ulubionym kwiatem.

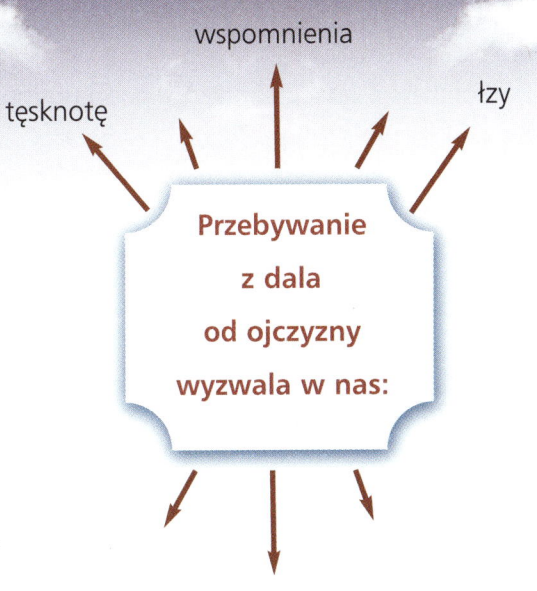

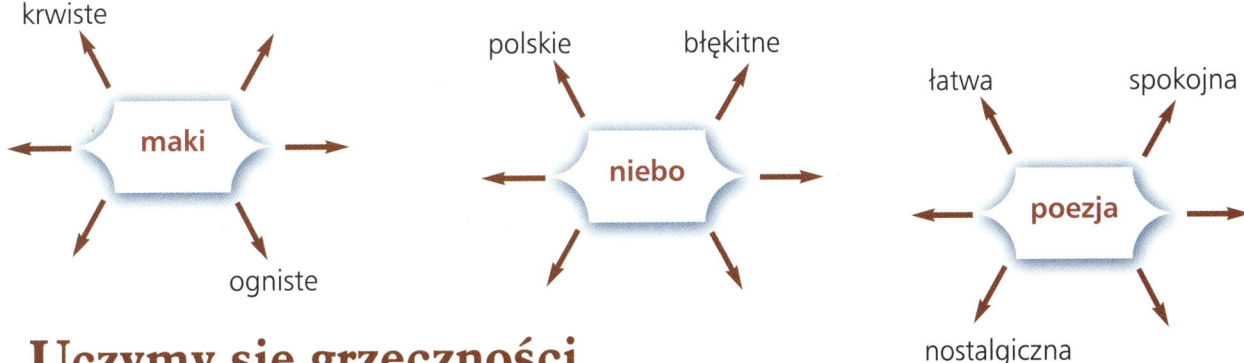

Przebywanie z dala od ojczyzny wyzwala w nas: tęsknotę, wspomnienia, łzy

maki: krwiste, ogniste

niebo: polskie, błękitne

poezja: łatwa, spokojna, nostalgiczna

Uczymy się grzeczności

Uczmy się, w jaki sposób i kiedy wręczać kwiaty.

✿ Kwiaty są najwdzięczniejszym i najmilszym sposobem okazania komuś miłości, wdzięczności, przyjaźni, szacunku, pamięci.

✿ Dajemy kwiaty z różnych okazji: ślubu, imienin, urodzin, I Komunii św., wizyt... itd.

✿ Kwiaty można dawać także bez okazji, po prostu z potrzeby serca; uzbierane na łące, w lesie, ścięte w ogródku, jedną różę z kwiaciarni.

✿ Kupujemy kwiaty cięte, najlepiej takie, które lubi osoba obdarowywana.

✿ Podarowanie kwiatów doniczkowych nie jest eleganckie, chyba, że twój kolega, czy koleżanka kolekcjonuje np. kaktusy.

✿ Kwiaty wręczamy po wcześniejszym zdjęciu wierzchnich okryć (płaszczy, kurtek, rękawiczek) i zawsze kwiatami do góry. Pamiętajmy także o wcześniejszym usunięciu opakowania z bukietu.

Czy polubiłem/polubiłam poezję?

Po sześciu latach spotkań z poezją odpowiedz na pytania, podkreślając odpowiedzi i wpisując własną sugestię.

1. Z czym może ci się kojarzyć poezja?
 a) z muzyką
 b) z recytacją
 c) z uczuciami
 d) z uczeniem się na pamięć
 e) z ....
 f) z ....

2. Czytanie lub słuchanie wierszy jest dla mnie:
 a) przyjemnością
 b) relaksowaniem się
 c) poznawaniem uczuć innych
 d) karą
 e) ....
 f) ....

3. Czytam wiersze bo:
 a) lubię
 b) muszę
 c) odczuwam potrzebę
 d) uniknę złej oceny
 e) ....
 f) ....

4. Uważam, że wiersze są:
 a) dla wszystkich ludzi
 b) tylko dla wrażliwych
 c) dla mnie też
 d) niepotrzebne i świat istniałby bez nich
 e) ....
 f) ....

5. Lubię wiersze:
 a) miłosne
 b) opisujące piękno przyrody
 c) patriotyczne
 d) ....
 e) ....
 f) ....

6. Pamiętam nazwiska wybitnych poetów polskich:
....
....
....

7. Mam w domowej biblioteczce wiersze:
....
....
....
....
....

8. Czy chciałbyś/chciałabyś być poetą/poetką?
 a) tak   b) nie

Z HISTORYCZNEJ PÓŁKI — ROZDZIAŁ VII

"Nie znać historii – to być zawsze dzieckiem"

Cycero(n) (106-43 p.n.e)

Uczcie się dziejów naszej ojczyzny na lekcjach historii, a staniecie się dojrzalsi.

"Nie znać historii Polonii świata to wstyd dla każdego absolwenta polskiej szkoły na obczyźnie"

Rodacy rozsiani po świecie

Joachim Lelewel 120 lat temu napisał:
"Aby Polskę poznać w całej rozciągłości, trzeba szukać dokonań Polaków po całej kuli ziemskiej i w każdym jej zakątku. Tam można bowiem znaleźć i cząsteczki Polski, i zasługi Polaków dla świata."

Fragment obrazu "Bitwa pod Grunwaldem" mal. Jan Matejko

Kościół Mariacki

Ołtarz Wita Stwosza

*Antonina Domańska
fragment powieści pt."Historia żółtej ciżemki"
oprac. M. Pawlusiewicz*

Działo się to latem 1489 roku w Krakowie.
Od szarej kamienicy zbliżał się orszak królewski, witany oklaskami. Na koniu, wśród odświętnie ubranych dworzan, jechał król Kazimierz. Blask jego złocistych szat i czapki połyskującej złotymi kamieniami widoczny był z daleka. Zdziwił się Wawrzuś, bo król nie postarzał się wiele od czasu kiedy go widział na Wawelu.
Cała rodzina królewska - król Kazimierz, królowa Elżbieta z dworkami, królewiczowie Zygmunt i Olbracht - witana okrzykami ludu ruszyła ku drzwiom kościelnym.
Zabrzmiały organy, a z chóru popłynęła pieśń nabożna. Olbrzymi kościół przepełniony był dostojnikami państwowymi, urzędnikami miejskimi z burmistrzem na czele, którzy hojnymi datkami wspierali dzieło mistrza Stwosza.
Król Kazimierz przesunął ręką po oczach, westchnął głęboko i zbliżył się do mistrza. Wit Stwosz zrobił kilka kroków do przodu i nisko się pokłonił.
– Niech was Bóg w zdrowiu chowa do setnych lat mistrzu! – rzekł król serdecznie wzruszony.
– Żadna pochwała, żadna podzięka nie wypowie tego, co czujemy tu wszyscy stojąc przed waszym dziełem. To wszystko za mało.
– To miłe co usłyszałem od wielmożnego króla – rzekł z przejęciem Wit Stwosz.
– Za dzieło takie podziękuje wam potomność, a przy okazji i o mnie wspomni. Bóg wam zapłać.
Król zdjął z siebie złoty łańcuch i włożył go na szyję mistrza; ten zaś chwycił oburącz rękę królewską i całował ją ze łzami w oczach.
– Miłościwy, najdobrotliwszy królu, czymże się za tyle łask odwdzięczę?
– Niedługo mojego panowania – rzekł król cichym i drżącym głosem. – Oddaję w twoje ręce obraz mej twarzy i proszę o wyrycie go w kamieniu na mym grobowcu. Niech mam tę pociechę w obliczu niedalekiej śmierci, że mój grobowiec będzie twego dłuta mistrzu!
Stwosz popatrzył smutnie i skinieniem głowy dał wyraz swej zgody.
– A teraz zechciej być dla nas przewodnikiem w oglądaniu ołtarza.

Przez wysokie, wydłużone okna kościoła sączyło się złociste słońce. Tęczowe smugi padały na strzeliste ozdoby tryptyku ołtarza, ślizgały się po falistych szatach i brodatych twarzach apostołów. Cały kościół tonął w bajecznych blaskach.
Czasy panowania Jagiellonów były błogosławieństwem dla Polski. Kraj kwitnął, miasta bogaciły się, a handel rozwijał się ze wschodu na zachód, z północy na południe. Przed swoim dziełem stał skromnie największy rzeźbiarz ówczesnej Europy.

Gdzieś dalej, może wmieszany w tłum, stał nieznany wtedy nikomu, długowłosy szesnastolatek, młodzieniaszek, student Akademii Krakowskiej – Mikołaj Kopernik.

1

Zastanów się i odpowiedz!

1. Na podstawie przeczytanego opowiadania i wiadomości historycznych uzupełnij tabelkę:

miejsce akcji	wydarzenie	postacie historyczne	oś czasu w dziejach historii

2. Ułóż plan opowiadania "Ołtarz Wita Stwosza".
3. Opisz nastrój i atmosferę wydarzenia przedstawionego w opowiadaniu.
4.
   a) Napisz list do mistrza Stwosza wyrażający uznanie za dzieło stworzone dla następnych pokoleń. Dopisz swoje odczucia po obejrzeniu fotografii ołtarza.

   b) Zredaguj treść zaproszenia na uroczystość odsłonięcia ołtarza, jakie zapewne otrzymał król i królowa z rąk burmistrza miasta.
5. Przeczytaj w dodatku do lekcji "*Szersze spojrzenie na temat*" wiadomości o losach Wita Stwosza po opuszczeniu Krakowa i przygotuj się do ustnej wypowiedzi na forum klasy.

Pracuj nad rozwojem słownictwa!

Wit Stwosz – Mistrz

mistrz – człowiek przewyższający innych w jakiejś dziedzinie:

np. Pan od geografii to naprawdę *mistrz* w swojej dziedzinie.
Jak opowiada o Tatrach, to czuję, jakbym tam był.

mistrz – specjalista:

np. *mistrz* krawiecki, *mistrz* cukierniczy.

rzeźbić – kształtować

rzeźbiarz – artysta tworzący kształt, pracujący dłutem w różnym materiale:
• w drewnie • w kamieniu • w metalu • w glinie • w lodzie, śniegu

Korczak Ziółkowski - rzeźbiarz polskiego pochodzenia - obok gipsowej makiety "Szalonego Konia", którego dzieło kończy już następne pokolenie Ziółkowskich. Z tyłu "Głowy Prezydentów", nad którymi do pewnego momentu także pracował. Obok rzeźba głowy I. J. Paderewskiego, który był zawsze dla rzeźbiarza wzorem prawdziwego Polaka.

Szersze spojrzenie na temat

Wit Stwosz w Krakowie
W drugiej połowie XV wieku Polska była najpotężniejszym państwem Europy, sięgającym od Morza Bałtyckiego aż po Morze Czarne. Do Polski przyjeżdżali wybitni specjaliści (rzeźbiarze, artyści malarze) w poszukiwaniu pracy. Kazimierz Jagiellończyk dbający o kulturę król, zaprosił do Krakowa mistrza nad mistrze, obywatela Niemiec – Wita Stwosza *(prawdziwe brzmienie nazwiska Veit Stoss)*. Był on już wówczas znanym w Europie rzeźbiarzem, grafikiem i malarzem. Jego największym dziełem w drewnie był ukończony w 1489 roku ołtarz do Kościoła Mariackiego, a w kamieniu Ukrzyżowany Chrystus. Inne rzeźby w kamieniu to nagrobek króla Kazimierza Jagiellończyka *(przyrzekł to królowi)* i nagrobki dostojników kościelnych znajdujące się w Gnieźnie i Włocławku.

Nagrobek króla Kazimierza Jagiellończyka na Wawelu

Powrót do Norymbergi.
Nie wiadomo dlaczego zdecydował się na opuszczenie swego ukochanego miasta i to w grudniu, w trzaskające mrozy i śniegi. Doprowadziło to do choroby dzieci i żony, która wkrótce umarła. Pozostał sam z dziećmi, borykając się z konkurencją innych rzeźbiarzy. Majątek "topniał". Namawiany do różnych sposobów pomnażania swych pieniędzy został wykorzystany. Zdesperowany utratą pieniędzy popełnił w swoim życiu największy błąd. Podrobił podpis na dokumencie. To oszustwo złamało jego karierę i życie.
Nie pomogły tłumaczenia przed sądem, że zrobił to, by zwrócono mu jego pieniądze, które ktoś sobie przywłaszczył i że doradził mu tak pewien franciszkanin. Sąd skazał go na więzienie, a w następnym procesie na publiczne wypalenie dziur w policzkach.

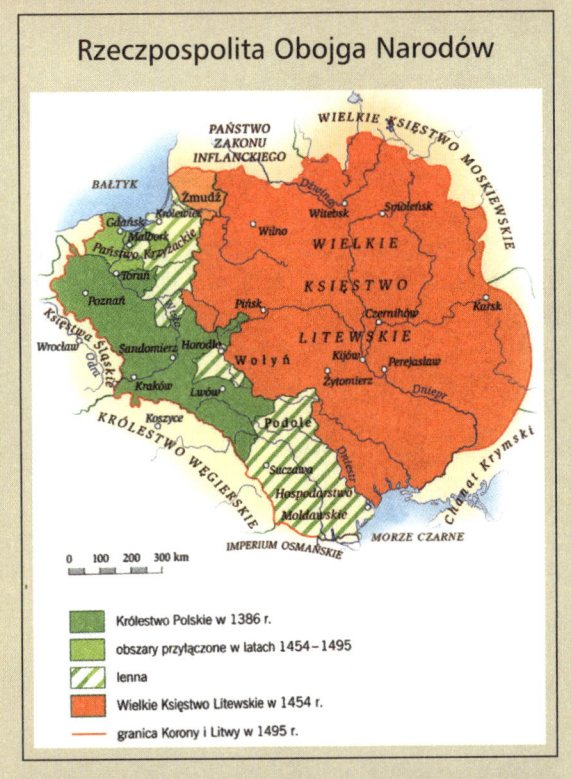

"Ociemniały mistrz" mal. Jan Matejko

Ból, strach i poniżenie złamały wielkiego mistrza psychicznie. Usunął się w cień i dopiero u schyłku swojego życia wykonał ostatnie dzieło – ołtarz do kościoła Karmelitów w Norymberdze. Przeżywszy 95 lat, ociemniały mistrz zmarł w 1533 roku.

A to ciekawe!

■ Do dzisiaj w Norymberdze żyją potomkowie Wita Stwosza. Jeden z nich Helmut Stoss jako pilot helikoptera ratunkowego niejednokrotnie latał nad miastem, w którym jego przodek, doznał tylu upokorzeń. Opowiadał o tym polskiemu dziennikarzowi, zbierającemu informacje o wielkim Wicie Stwoszu.

■ Dwa wielkie miasta: Kraków i Norymberga pozostają w przyjaźni, nosząc nazwę miast siostrzanych.

■ Niektóre dzieci w Polsce, słysząc tak wiele o Wicie Stwoszu i poznając jego dzieła są zdziwione wiadomością, że nie był on Polakiem.

■ Jeśli pojedziecie do Krakowa, możecie zatrzymać się w hotelu o nazwie Wit Stwosz, a zwiedzając przepiękne obszary Dolnego Śląska z jego wspaniałymi budowlami i zamkami, natkniecie się na zabytkową kopalnię złota w miasteczku Złoty Stok. Właścicielem tej kopalni w XV wieku był sam Wit Stwosz.

■ Zwiedzając kościoły chicagowskie, nie pomińcie pięknego kościoła *św. Jana Kantego* w dawnej dzielnicy polonijnej. Znajdziecie tam **replikę** ołtarza Wita Stwosza.

św. Jan Kanty – w XV w. profesor Akademii Krakowskiej
replika ołtarza – kopia zrobiona według oryginalnego wzoru ołtarza Wita Stwosza.

Kościół św. Jana Kantego w Chicago
825 N. Carpenter St.
(skrzyżowanie Ogden i Chicago Ave.)
Barokowy kościół ufundowany przez polskich emigrantów, ukończony w 1893 roku.

Pomysł zamówienia repliki ołtarza Wita Stwosza i umieszczenia jej w kościele (w hołdzie polskim emigrantom), powstał w czasie pobytu proboszcza tego kościoła – ks. F. Phillips'a w Krakowie, mieście św. Jana Kantego.
Praca zlecona krakowskiemu rzeźbiarzowi Michałowi Batkiewiczowi, została ukończona w 2003 roku.
Ołtarz zainstalowano w bocznej nawie kościoła.

Jeżeli chcesz dowiedzieć się nieco więcej na ten temat, zaglądnij do ćwiczeń (dział tłumaczeń).

ŚLADAMI WIELKICH POLAKÓW W USA

Tadeusz Kościuszko

Barbara Wachowicz, znana polska pisarka, wyrusza na wędrówkę śladami T. Kościuszki po wschodnim wybrzeżu Stanów Zjednoczonych. Zbiera dokumentację do swojej książki o wielkim naszym Polaku. Spotyka wielu ciekawych ludzi i wiele pamiątek związanych z bohaterem obu narodów.

Rój Pszczół Wśród Wzgórz

Barbara Wachowicz
fragm. książki pt."Nazwę Cię Kościuszko! –
Szlakiem bitewnym Naczelnika w Ameryce"
oprac. M. Pawlusiewicz

Zanurzona w wysokie trawy, grające świerszczami pod lasem, drewniana tablica woła: "Welcome to Kosciuszko – Beehive of the Hills"
Rój Pszczół Wśród Wzgórz, jedno z przepięknych indiańskich, poetyckich imion tego miejsca...
Biali zmienili nazwy indiańskie. Mała wioska otrzymała kolejno imiona dwóch dumnych stolic o nazwie Pekin i Paris...
Gdy w roku 1833 powiat otrzymał imię indiańskiej księżniczki Attala, spływał tratwą wodami Mississippi dziarski młodzieniec – William Dodd. Szukał swojego miejsca na ziemi. Urzekły go prześliczne tereny. Dwudziestosiedmioletni William rozejrzawszy się po "Paryżu" postanowił stworzyć tu godnie zwące się miasteczko. Od swojego dziada, który był żołnierzem w Armii Południa, dużo słyszał o wspaniałym Polaku.
Zostawszy pierwszym posłem Attali do legislatury w stolicy stanu – Jackson, William Dodd wywalczył nadanie imienia nowemu miastu – Kosciusko. Był to rok 1838.

Wjeżdżamy do miasta Kosciusko.
– Ach jak wszyscy krakali! – Jakie przepowiadali rozczarowania. – Po cóż ty się tam tłuczesz – przecież nikt nie będzie miał pojęcia, co oznacza nazwa miasteczka.
Czegoż to oczekiwać, skoro podobno niektórzy generałowie wykładający w West Point z trudem kojarzą kim był Kościuszko.
Do centrum miasteczka wjeżdżamy ulicą Marszałka Piłsudskiego. Placyk, sklepy. Iwonka wyskakuje nieomal w biegu.
Są pierwsze mieszkanki Kosciusko. Dwie młode Murzynki.
I po raz pierwszy rzucam pytanie:
– Kosciusko?
– Kosjesko – poprawiają.
– A co to jest? – jakiś ptak, rzeka, kwiat?
Patrzą zdziwione: – Where are you from?
– From Europe – odpowiadam wykrętnie.
– It's Polish name – objaśniają cierpliwie. – He was a great Polish patriot. Walczył o wolność Stanów tu, na Południu pod dowództwem generała Nathanaela Greene'a. Przeczytałyśmy o tym w książce telefonicznej.
Zajeżdżamy do uroczego hoteliku Best Western przy ulicy Natchez Trace, gdzie mamy zarezerwowane pokoje. W każdym z nich leży pocztówka wydana w Kosciusko z wizerunkiem Naczelnika jako generała amerykańskiego z podpisem:

105

"Thaddeus Kosciusko. 1746-1817. Polish Patriot. Heroe of Two Worlds."

W City Hall wita nas ten sam, co na pocztówkach portret Naczelnika. Wkraczamy do gabinetu Mayora zwanego w Polsce burmistrzem.
Clifton Charles Pope, opalony, o włosach barwy miodu *(Rój Pszczół)* przyjmuje od nas statuetkę orła w koronie i ustawia ją na honorowym miejscu obok zdjęcia papieża Jana Pawła II.
.... Całe miasto liczy dziesięć tysięcy mieszkańców – mówi Mayor – pracowitych jak pszczoły, upartych i pogodnych. Kiedy budowaliśmy Tadeusz Kosciusko Museum and Information Center – całe miasto złożyło się na tę budowę...
... Chciałbym, żeby Kosciusko rosło, by nikt nie mówił, że Mississippi to najbiedniejszy stan..
Ale nie chciałbym, żeby Kosciusko utraciło urok małej miejscowości, pielęgnującej swoje dziedzictwo..... Przestało być Rojem Pszczół.
Żegnając nas pod herbem miasta, gdzie twarz Kościuszki sąsiaduje z ulami, wręczył mi uroczyście ciężki złoty klucz i powiedział: Drzwi do miasta Kosciusko są dla Polaków zawsze szeroko otwarte!

Na marginesie!
W mieście Kosciusko, w stanie Mississippi urodziła się znana z najlepszego Talk Show w USA, gwiazda amerykańskiego filmu i telewizji – Oprah Winfrey.

Zastanów się i odpowiedz!

1. Opowiedz historię założenia miasta Kosciusko w stanie Mississippi.
2. Czego autorka dowiedziała się od dwóch młodych Afroamerykanek o bohaterze obu kontynentów?
3. Jaka polska nazwa oprócz nazwy miasteczka przewija się przez Kosciusko?
4. Przeczytaj charakterystykę Tadeusza Kościuszki, skorzystaj z wiadomości umieszczonej w dodatku do lekcji: "Szersze spojrzenie na temat", Internetu i napisz wypracowanie o bohaterze obu narodów. Przypomnij sobie też anegdotę o służącym i ukochanym koniu Tadeusza Kościuszki (kl. IV).
5. Powędruj "śladami Tadeusza Kościuszki w Ameryce" i wybierz się wraz z rodzicami w te piękne tereny.

Charakterystyka Tadeusza Kościuszki

według Stefana Bratkowskiego z książki pt. " Z czym do nieśmiertelności"

Odważny i pracowity, skromny, pogodny i miły dla wszystkich. Serdecznością odpłaca za każdy odruch dobroci i sympatii. Przyjaciół wręcz adoruje. Utrzymuje się przez lata z własnych przywiezionych z Europy pieniędzy. Część pieniędzy oddaje szpitalom, ratuje od głodu jeńców, wykłóca się o odzież i buty dla swoich ludzi. Jest budowniczym mostów pontonowych i twierdz, wykonawcą iluminacji świetlnych miasta Princeton z okazji Święta Niepodległości. Rysuje portrety dam, hoduje kwiaty, obsadza kwiatami skały i kocha ... kawę.

Szersze spojrzenie na temat

Wędrujemy śladami T. Kościuszki

Każdy, kto przeczyta książkę Barbary Wachowicz pt. "Nazwę Cię Kościuszko – Szlakiem bitewnym Naczelnika w Ameryce", może wędrować jego śladami. Czy mieszkamy w Chicago, Nowym Yorku, Filadelfii, czy Bostonie, wszędzie spotkamy się z historią bohatera obu narodów.
Od granicy kanadyjskiej aż po Południową Karolinę nasz inżynier – pułkownik przemierzał ziemię amerykańską konno, łodzią, a nawet piechotą, pozostawiając po sobie miłe wspomnienia.

■ A my wybierzmy się do stanu Indiana, gdzie istnieje powiat o nazwie Kosciusko – ze stolicą Warsaw. Mieszka tam dziś – około 60 tysięcy mieszkańców.
W 1986 roku obchodzono uroczyście 150-lecie powiatu Kosciusko. Uniwersytet Jagielloński w Krakowie podarował miastu Warsaw reprodukcję portretu Naczelnika z szablą. Powiększyła się też stała ekspozycja poświęcona Kościuszce w miejscowym muzeum. Warsaw ma port lotniczy i największe na świecie centrum oropedyczne. Tu produkuje się najwyższej jakości protezy kończyn. To miasto ma wreszcie opinię jednego z najbardziej bezpiecznych miast w USA. Wybierzcie się więc z rodzicami do Warsaw w powiecie Kosciusko County, a poczujecie się jak w Polsce.
Burmistrz tego miasta – jak informuje nas Barbara Wachowicz – zaprasza na Festiwal Truskawek, Paradę Domów i Festiwal Flotylli – 4 lipca, kiedy tysiące udekorowanych kwiatami łodzi wypływa na jeziora. Podczas Kiermaszu Jesieni wystawiane są najpiękniejsze okazy owoców i warzyw. Podczas Festiwalu Syren z wyborem królowej jezior, żadna "Syrena" nie może nią zostać, jeśli nie zna historii Kosciusko County, nie umie opowiedzieć, kim był jego patron, oraz które miasto na świecie ma w herbie Syrenę.

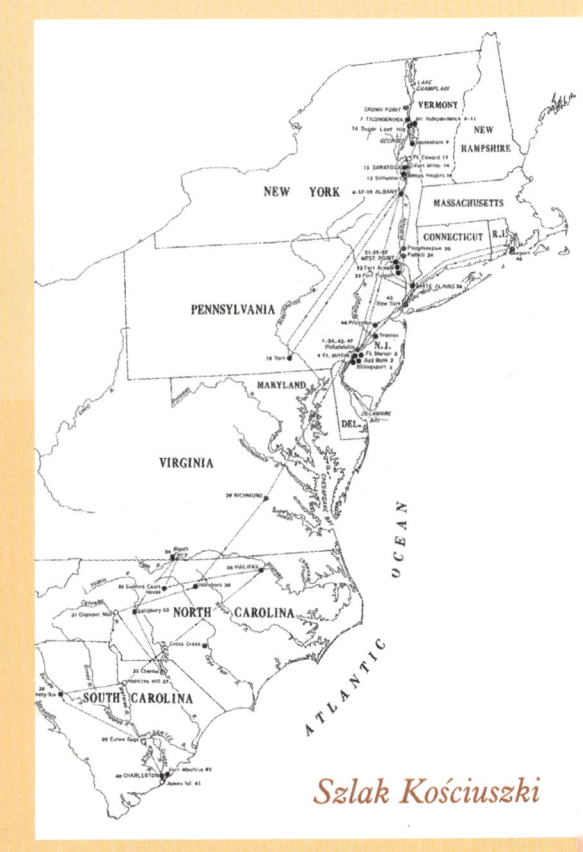

Szlak Kościuszki

■ Drodzy uczniowie, gdziekolwiek mieszkacie w USA, szczególnie w stanach wschodnich i północnych, szukajcie miejsc związanych z bohaterem obu kontynentów. Jeżeli będziecie w **Connecticut** w mieście Ansonia, zwiedźcie muzeum Davida Humphrey'a (*prawej ręki prezydenta George'a Waszyngtona*), który w liście do Kościuszki napisał wiersz wychwalający króla Stanisława Augusta Poniatowskiego za przyjęcie postępowej Konstytucji Trzeciego Maja.
W wielu miastach Connecticut październik jest miesiącem pamięci o Kościuszce. Wtedy na masztach ratusza pojawia się polska flaga.
Zapamiętajmy! –
Muzeum Davida Humphreya w **Ansonii** – CT. 17 Elm Street
Od poniedziałku do piątku pokój Kościuszki jest otwarty dla zwiedzających od godziny 1 - 4 po południu. Można się także umówić na dowolny termin pod tel. (203) 732-8199

Jeśli będziecie w **Filadelfii** odwiedźcie Muzeum Narodowe Tadeusza Kościuszki – 313 Walnut Street, Philadelphia, PA 19106. Informacje: (215) 507-9618.

■ Będąc w **Krakowie,** odszukajcie płytę upamiętniającą przysięgę Tadeusza Kościuszki na wierność swojej ojczyźnie i narodowi polskiemu *(patrz poniżej – obraz Wojciecha Kossaka).*

Złóżcie mu hołd przed **grobowcem wawelskim**.
/Kościuszko ma honorowe miejsce wśród polskich królów na zamku wawelskim./

• Idźcie na **Kopiec Kościuszki** usypany przez tych, którym droga była pamięć o Kościuszce.

■ Jeśli będziecie we Wrocławiu, nie zapomnijcie o zwiedzeniu **Panoramy Racławickiej**.
Panorama Racławicka to płótno przedstawiające sceny z bitwy pod Racławicami.

Fragment Panoramy Racławickiej, malowidła wykonanego przez grupę malarzy pod kierunkiem Jana Styki. Panorama Racławicka składa się z 14 zwojów długości 116 m. i wysokości 15 m. Przed obrazem znajduje się scenografia przedpola.

ŚLADAMI POLAKÓW W AMERYCE POŁUDNIOWEJ

Wśród czerwonoskórych braci

Zbigniew Przyrowski
oprac. M. Pawlusiewicz

Opowiadanie o wybitnym polskim geologu - znawcy "wnętrza" ziemi i minerałów (miedzi, złota, srebra), który przebywał w Chile pod koniec XIX wieku i stał się tam bardzo sławną osobą.

Idący przodem Indianin podniósł rękę. Na ten znak lamy stanęły jak wryte, a biały podróżnik gwałtownie zatrzymał zwierzę i otworzył z przerażenia duże, niebieskie oczy. Jak każdy człowiek znienacka wytrącony ze snu, minę miał bardzo zabawną, więc Indianie parsknęli hałaśliwym śmiechem. Podróżnik zeskoczył z lamy, ziewnął, przeciągnął się, a potem, czekając, aż minie napad ogólnej wesołości Indian zaczął z zaciekawieniem rozglądać się dookoła.
- Dlaczego zatrzymaliśmy się? – zapytał biały podróżnik.
Indianie popatrzyli w górę – No tak, lawiny – domyślił się. Nie był z tego zadowolony. Przecież za tą górą powinno już być Chile.
- Idę – stwierdził podróżnik. Indianie popatrzyli z przerażeniem.
- Senior! Lawiny! – Ale on tylko machnął ręką na znak, że da sobie radę.

Osiągnął szczyt po dwóch godzinach wspinaczki. U jego stóp rozciągała się stroma przepaść, a dalej duża dolina, w której widać było kilka smużek dymu jakiejś indiańskiej wioski. Tak, to Chile, dziki, groźny, nieznany kraj, jakże różny od ojczystych, nadwiślańskich równin. Już miał zbierać się do zejścia, gdy nagle ciszę przerwał ponury grzmot. I w tym momencie zobaczył chmurę śnieżnego pyłu zsuwającą się po jego prawej stronie. Rozległ się przeciągły jęk. Był to wyraźny głos człowieka. W kilku minutach był już w miejscu skąd pochodził głos znajomego jęku. W półmroku zauważył rękę postaci ludzkiej, a obok niej widać wcześniej zastrzeloną kozicę. Biały podróżnik domyślił się – lawina zaskoczyła wracającego z polowania Indianina. Zdjął z ramienia karabin i wystrzelił w powietrze. Odpowiedziała mu salwa karabinowa z dołu.
- W porządku – szepnął – kierunek drogi już znam. Wyciągnął Indianina spod śniegu i zarzucił go sobie na plecy. Do swojego obozowiska wrócił około północy, witany hałaśliwą radością Indian, bo biała twarz uratowała czerwoną.
- Hiszpanie tak nie robić! – krzyknęli Indianie.
- Ale ja nie jestem Hiszpanem.
Ocucony amoniakiem ranny Indianin zaczął przychodzić do siebie. Mruczał coś niewyraźnie.
- On pytać jak się senior nazywać.
Podróżny uśmiechnął się.
- Domeyko.
- On powiedział, że nigdy Domeyko nie zapomnieć.

Dwadzieścia lat później.
Profesor Ignacy Domeyko, rektor pierwszego w Ameryce Południowej uniwersytetu w Santiago, geolog o światowej sławie, badacz Andów, odkrywca bogatych złóż miedzi, srebra, złota i węgla, znalazł się w bezludnych górskich okolicach prowadząc ekspedycję naukową. Towarzyszyli mu jego młodzi chilijscy studenci.
Korzystając z pięknego poranka, kiedy jeszcze jego studenci spali, profesor poszedł w góry. Zaniepokojeni studenci zaczęli go szukać, ale na szczęście odnaleźli go całego i wesołego w pobliskim wąwozie.
- Mam dla was podarunek. – Pokazał im kawałek zielonkawego kamienia. – Tu będzie można zbudować kopalnię miedzi.
- Ależ pan jest cudotwórcą! Jak można tak dokładnie wiedzieć co jest we wnętrzu ziemi?
- Wy też potraficie dokonywać takich sztuczek, gdy skończycie studia i zdobędziecie trochę doświadczenia.

Nagle usłyszeli tętent koni.
- Dzicy!... Pędzą tutaj na koniach całą gromadą! To Araukani. Splądrowali nam namioty! – Krzyknął Rodrigo obserwując ich zza skały.
- Schowajcie się – szepnął Domeyko. – Ja z nimi porozmawiam.
Indianie dostrzegli go natychmiast. Jeden, widocznie wódz, zeskoczył z konia, podszedł na odległość kilku kroków i zatrzymał się.
- Domeyko! – zawołał gardłowym głosem.
- Tak, ja jestem Domeyko – czego chcecie przyjaciele?
- Szukaliśmy ciebie biały człowieku, bo biali krzywdzą nas, zabierają nam ziemię, nie pozwalają nam polować. Zebrała się rada plemienia i mój stary, mądry ojciec powiedział: „Znam tylko jedną białą twarz, która może nas uratować, tak jak uratowała mnie spod śnieżnej lawiny. Nazywa się Domeyko. Trzeba go odszukać."
- Ratuj nas Domeyko!
- Dobrze. Przyrzekam uczynić wszystko, co będzie w mojej mocy.
Jeszcze tego samego dnia wyprawa naukowa zwinęła swoje obozowisko. Natychmiastowa interwencja rektora Domeyki u władz rządowych i napisana przez niego książka domagająca się wolności dla Araukanów odniosły skutek. Ujął się za nimi najsłynniejszy w tych czasach człowiek Chile, wielki, przybyły z odległej Polski uczony.

Zastanów się i odpowiedz!

1. Opowiedz pierwszą część czytanki (Domeyko wyrusza do Chile).
2. Dlaczego Indianie okazali zdziwienie, że Domeyko uratował czerwonoskórego?
3. Opowiedz drugą część czytanki (20 lat później).
4. Jakim szacunkiem cieszył się profesor u swoich uczniów, co mówił im o ich przyszłości?
5. Opisz stosunek profesora Domeyki do Indian.
6. Przeczytaj dodatek do lekcji i napisz wypracowanie na temat „Domeyko jako przykład wielkiego, polskiego emigranta, który wsławił Polskę na kontynencie Ameryki Południowej.

Szersze spojrzenie na temat

Szlachecki herb rodowy Domeyków

Okres, w którym Polska znalazła się pod zaborami był okresem ucisku i prześladowań przez zaborców, dlatego wielu Polaków dobrowolnie opuściło swój kraj. Chłopi wyjeżdżali w poszukiwaniu ziemi pod uprawę, a ludzie wykształceni szukali możliwości pracy i wolności za granicą. Paryż był wtedy największym skupiskiem polskiej emigracji.

Adam Mickiewicz, Juliusz Słowacki, Fryderyk Chopin, Maria Skłodowska-Curie, to tylko kilka nazwisk jakie znacie z poprzednich lat nauki. Do Paryża wyjeżdżali również wybitni naukowcy, inżynierowie, lekarze, którzy szukali propozycji pracy.

Tę właśnie drogę wybrał Ignacy Domeyko, przyjaciel Adama Mickiewicza z okresu studiów. Jako wybitny znawca bogactw ziemi podpisał długoletni kontrakt z władzami Chile. 46 lat swojego życia poświęcił badaniom i rozwojowi gospodarczemu tego kraju. Był rektorem uniwersytetu w Santiago i odkrywcą wielu złóż cennych minerałów takich jak srebro, miedź, złoto. Odkrył też zupełnie nieznany minerał, który nazwano domeykitem. Za swoje zasługi dostał honorowe obywatelstwo Chile, natomiast za dobroć, szlachetność, miłość do bliźniego i złote serce podjęto starania o uznanie Domeyki błogosławionym. Pamięć o Domeyce przetrwała w Chile i innych krajach Ameryki Łacińskiej do dzisiaj. Jego imieniem nazwane są miejscowości, szczyty górskie, porty, kopalnie, ulice, place, biblioteki i uniwersytety. W Chile żyją do dzisiaj jego potomkowie.

wnuczka I. Domeyki

tablica na murze domu I. Domeyki

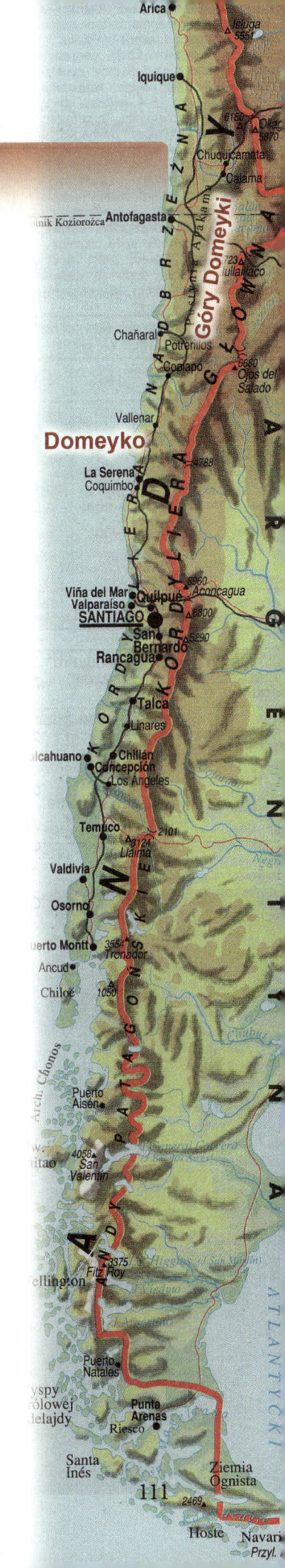

111

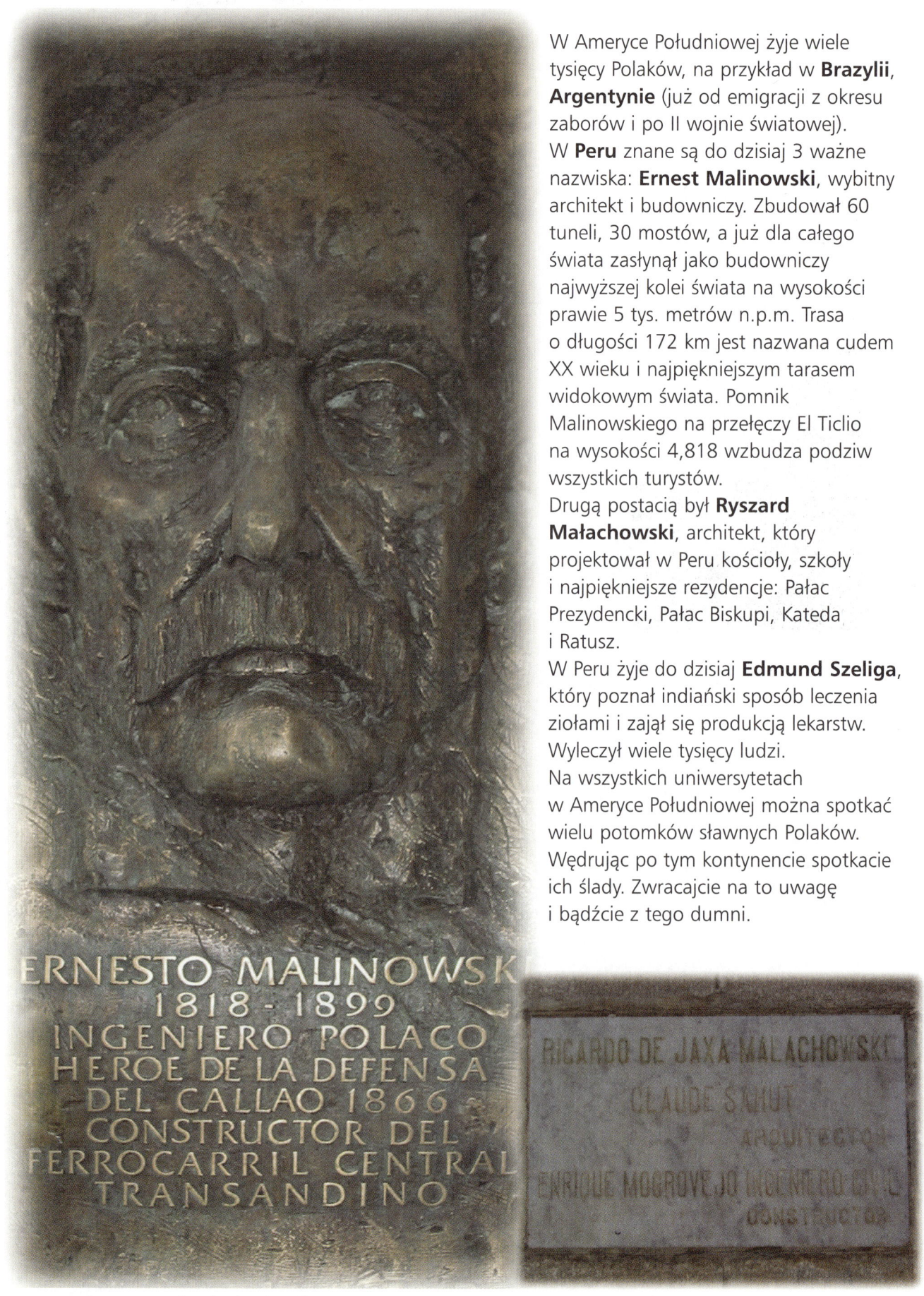

W Ameryce Południowej żyje wiele tysięcy Polaków, na przykład w **Brazylii**, **Argentynie** (już od emigracji z okresu zaborów i po II wojnie światowej). W **Peru** znane są do dzisiaj 3 ważne nazwiska: **Ernest Malinowski**, wybitny architekt i budowniczy. Zbudował 60 tuneli, 30 mostów, a już dla całego świata zasłynął jako budowniczy najwyższej kolei świata na wysokości prawie 5 tys. metrów n.p.m. Trasa o długości 172 km jest nazwana cudem XX wieku i najpiękniejszym tarasem widokowym świata. Pomnik Malinowskiego na przełęczy El Ticlio na wysokości 4,818 wzbudza podziw wszystkich turystów.

Drugą postacią był **Ryszard Małachowski**, architekt, który projektował w Peru kościoły, szkoły i najpiękniejsze rezydencje: Pałac Prezydencki, Pałac Biskupi, Kateda i Ratusz.

W Peru żyje do dzisiaj **Edmund Szeliga**, który poznał indiański sposób leczenia ziołami i zajął się produkcją lekarstw. Wyleczył wiele tysięcy ludzi.

Na wszystkich uniwersytetach w Ameryce Południowej można spotkać wielu potomków sławnych Polaków. Wędrując po tym kontynencie spotkacie ich ślady. Zwracajcie na to uwagę i bądźcie z tego dumni.

fot. Andrzej Kulka

Tablica ku pamięci Ryszarda Małachowskiego

ŚLADAMI POLAKÓW W WIELKIEJ BRYTANII

*Akcja noweli pt. "Marcin Kozera" toczy się w Londynie, w dzielnicy Charles Square. Zdarzenia rozgrywają się w 1913 roku. Marcin jest synem stolarza, Mateusza Kozery, który przed wieloma laty uciekł z zaboru rosyjskiego przed **represjami** zaborcy. Jego syn Marcin chodzi zarówno do szkoły angielskiej, jak i polskiej. Wśród polskich dzieci czuje się wspaniale. Brak mu jednak wiary w siebie, gdyż w porównaniu z innymi mówi znacznie słabiej po polsku. W angielskiej szkole językowo czuje się wyśmienicie, ale obco. Ciągle też zadaje sobie pytanie - Kim ja właściwie jestem? Polakiem czy Anglikiem?*
*Ta **rozterka** burzy jego spokój aż do pewnego dnia, gdy…*

Kim ja właściwie jestem?

fragm. noweli Marii Dąbrowskiej pt. "Marcin Kozera"
oprac. M. Pawlusiewicz

… Na lekcji geografii w angielskiej szkole nauczyciel omawiając granice państw w Europie powiedział:
- Z Niemcami graniczy od wschodu Rosja, a na południu Austria. Kiedyś była tu jeszcze Polska, ale już dawno jej nie ma.
Marcin, który nie uważał na lekcji, **mimochodem** usłyszał dobrze te słowa i poczuł, że natychmiast musi coś powiedzieć, zaprzeczyć. Bał się. To wstawał, to siadał, owładnięty tchórzostwem. W pewnym momencie przezwyciężył sam siebie. Rzekł głośno:
- Polska jest, proszę pana. Ja jestem Polakiem!
Te słowa były tak dobitne, że wszyscy koledzy obrócili się w stronę Marcina. Naturalnie ucieszyli się, że będzie jakaś niespodziewana przerwa w lekcji.
Nauczyciel poczuł się zaskoczony - milczał. Wtedy Marcin powtórzył głośniej:
- Ja jestem Polakiem, proszę pana – czy pan słyszy?
- Słyszę. Nie podnoś głosu mój chłopcze. Nigdy tego nie mówiłeś. Nie wiedziałem nawet, że umiesz po polsku.
Marcin spąsowiał.
- Uczę się – odparł, ale po chwili pchnięty niepokonaną siłą zaczął mówić: Ja nie umiem dobrze po polsku i mogę być Anglikiem i kocham Anglię, ale mój ojciec jest Polakiem i ja nie opuszczę Polski w takim nieszczęściu. Wrócę do niej i może będę o nią walczył. A kiedy będzie wolna i potężna jak

Anglia, będę miał prawo się nią pysznić. Ja ją kocham, kocham, kocham – rozumie pan? Wypowiedział to wszystko jednym tchem. Nie wiedział skąd mu się to wzięło. Nauczyciel milczał, chłopcy też przestali hałasować. Zdawało się, że Marcin jakby dotąd w szczelnie zapiętym płaszczu nagle go rozpiął i ukazał im się w całej swej krasie po raz pierwszy. Dopiero po chwili nauczyciel rzekł:
- Dziękuję ci. Jesteś dzielnym człowiekiem.
I zwrócił się do klasy:
- Chłopcy! Naród, który ma takich synów zasługuje na ogromny szacunek. Chłopcy! Trzy okrzyki dla Marcina, i za pomyślność jego ojczyzny – Hip hip, hura!

Po lekcji geografii Marcin czuł dumę ze swojego pochodzenia. Zaplanował wyjazd do Polski zapewniając swoją najbliższą koleżankę z polskiej szkoły – Krysię – że wróci po nią i ożeni się z nią.

rozterka – *niepokój, wahanie się*
represje – *przymus karny, odwet*
mimochodem – *przypadkiem, przy okazji, przy sposobności, po drodze*

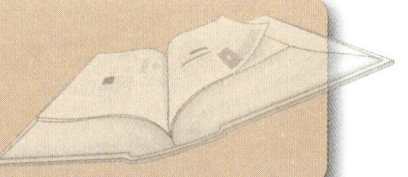

Zastanów się i odpowiedz!

1. W jakim okresie historii Polski rozgrywa się akcja tego opowiadania?
2. Kim był Marcin?
3. Dlaczego miewał wątpliwości kim jest (Anglikiem czy Polakiem)?
4. Jakie wydarzenie pomogło mu rozwiązać ten problem?
5. Jak zareagował nauczyciel i co Marcin usłyszał z jego ust?
6. Kim ty się czujesz i dlaczego?
7. Czy kochasz ojczyznę swoich rodziców i dziadków?
8. Jak często odwiedzasz Polskę i na czym polega twoje zainteresowanie nią?
9. W jaki sposób będziesz podtrzymywał polskie tradycje i chęć poznawania historii oraz kultury polskiej (miast, ich zabytków, filmów, muzyki)?
10. Napisz krótką charakterystykę Marcina (*przypomnij sobie słownictwo ze str. 78*)

Pracuj nad rozwojem słownictwa!

milczeć jak grób - mówimy o kimś, kto milczy przez dłuższą chwilę albo nie udziela żadnej informacji, np. Nauczyciel Marcina przestał mówić i "milczał jak grób" przez długą chwilę.
wyszło na jaw - została ujawniona jakaś sprawa, np. Na lekcji geografii "wyszło na jaw, że Marcin jest Polakiem.
uderzyć w czułą strunę - poruszyć temat wywołujący przykre wspomnienia lub skojarzenia, np. Nauczyciel mówiąc o nieistniejącej Polsce "uderzył w czułą strunę" Marcina.

Szersze spojrzenie na temat

Pierwsza polska emigracja do Anglii w ilości kilkunastu tysięcy ludzi była związana z okresem zaborów. Wielu ludzi, po nieudanych powstaniach przeciwko zaborcom, wyjeżdżało na Wyspy Brytyjskie w poszukiwaniu wolności i zarobku. Istniały już wtedy polskie szkoły, polskie organizacje, drukarnie i wydawnictwa.

Następną grupą emigrantów byli żołnierze i ich rodziny, którzy znaleźli się podczas II wojny światowej poza granicami Polski. Po zakończeniu wojny nie mogli już wrócić do ojczyzny, bo ona straciła swoją wolność dostając się pod wpływy rządu rosyjskiego. Poza tym tereny Polski, z których pochodzili, zabrała Rosja Sowiecka. W Anglii pozostało wielu żołnierzy, którzy walczyli o wolność Anglii, Francji i Włoch. Pozostali też słynni generałowie – gen. Anders i gen. Maczek oraz piloci bombowców Dywizjonu 303, którzy u boku pilotów anglielskich walczyli z Niemcami.

Chociaż sami mieli poważne problemy finansowe, angażowali się w zbiórki pieniędzy, żeby stworzyć fundusze na organizowanie polskich szkół, pisanie i wydawanie podręczników dla dzieci.

gen. Władysław Anders    *gen. Stanisław Maczek*    *Piloci Dywizjonu 303*

Wszyscy chcieli wychować swoje potomstwo na Polaków i patriotów. Już w 1952 roku na terenie Anglii działało prawie 70 polskich szkół, polskie wydawnictwa, drukarnie i wiele polskich organizacji. Obecnie Wielka Brytania przeżywa najazd polskich emigrantów, ale nie jest to już emigracja polityczna, jak w okresie zaborów i po II wojnie światowej. To emigracja gospodarcza, zarobkowa w poszukiwaniu pracy i lepszego życia. Polskie szkoły przeżywają istny „boom" i czasem trzeba długo czekać na swoje miejsce na liście oczekujących. Polskie życie tętni na ulicach Londynu i innych miast, ale ojczyzna czeka, że kiedyś do niej powrócą.

Polska szkoła pod wezwaniem Matki Boskiej Częstochowskiej (Londyn)   *Szkoła im. hetmana Karola Chodkiewicza w Croydon (płd. Londyn)*

ŚLADAMI TOMKA WILMOWSKIEGO

Tomek Wilmowski wyjeżdża na wakacje do swojego ojca, który przebywa w Australii. Ten uciekając przed więzieniem za udział w powstaniu przeciwko rosyjskiemu zaborcy zajmuje się teraz łowieniem zwierząt do ogrodów zoologicznych świata. W Australii Tomek też bierze udział w polowaniach na kangury, dzikie psy Dingo, strusie, emu i kolczatki. To książka dla dzieci lubiących przygody.

Tomek Wilmowski w Australii

Alfred Szklarski
fragment powieści pt."Tomek w krainie kangurów"
Jest to pierwsza powieść z 8-tomowej serii przygód Tomka na różnych kontynentach.

Nadchodził koniec listopada. Upał dawał się podróżnikom mocno we znaki. Nieliczne rzeczki napotykane u podnóża wzgórz wysychały coraz bardziej, trawa żółkła niemal w oczach, a ziemia twardniała i pękała z gorąca. Po nadzwyczaj męczącej jeździe, wyprawa dotarła do brzegu rzeki. (...) Ze względu na zmęczenie koni, Wilmowski zarządził kilkudniowy postój. Rozbicie obozu i wyładunek klatek ze zwierzętami zajęły łowcom prawie całe popołudnie...

... Po dokonaniu zamiany oraz załadowaniu na statek zwierząt schwytanych w ciągu ostatnich tygodni wyprawa miała wyruszyć z Melbourne do Europy.
Łowcy musieli jakiś czas zatrzymać się w Melbourne, rodzinnym mieście Bentleya, zoologa - właściciela ZOO. Bentley był bardzo zadowolony, gdyż polubił swych nowych polskich przyjaciół i chciał ich przedstawić swej matce. W rozmowie wspomniał, że obecne ich obozowisko znajduje się w odległości zaledwie osiemdziesięciu kilometrów od Góry Kościuszki. Wilmowski, gdy tylko to usłyszał, zapytał natychmiast, ile czasu zajęłaby im wycieczka w Alpy Australijskie.
– Wydaje mi się, że pięć dni powinno wystarczyć na wyprawę na Górę Kościuszki – odparł Bentley.
– Możemy sobie chyba na to pozwolić, gdyż i tak postój nasz, ze względu na zmęczenie zwierząt, musi potrwać około tygodnia.
– Och tak, tak! Musimy ujrzeć górę odkrytą przez **Strzeleckiego** – prosił Tomek – Uczcimy chociaż w ten skromny sposób pamięć naszego zasłużonego rodaka.

Zaraz ułożyli się do snu, aby należycie wypocząć przed drogą. Zaledwie zajaśniał dzień, Tony zaczął pakować sprzęt obozowy, a Wilmowski, Smuga, Bentley i Tomek udali się nad rzekę, aby sprawdzić wynik łowów na dziobaki. Po wydobyciu sieci z wody ujrzeli w niej dwa dziwne zwierzątka porośnięte gęstą, brązową sierścią. Zamiast pysków, miały skórzaste szerokie dzioby, podobne do kaczych, a palce były dobrze połączone błoną pławną.

Powrócili z dziobakami do obozu i zajęli się przygotowaniem dla nich odpowiedniego pomieszczenia. Następnego dnia o *świcie* ruszyli w dalszą drogę. Upał stawał się coraz **dotkliwszy**. Odetchnęli z ulgą, gdy około południa poczuli ożywczy, chłodny wiatr, wiejący od bliskiego już, wysokiego łańcucha górskiego. Wkrótce wjechali w dolinę wijącą się między łagodnymi wzgórzami.
– Ależ to niespodzianka! W górach Australii śnieg pada w lecie – zdziwił się Tomek, spoglądając na ubielone szczyty.
– Byłem pewny, że widok śniegu w tym gorącym kraju sprawi wam nie mniejszą przyjemność niż Góra Kościuszki – powiedział Bentley. – W Alpach Australijskich śnieg pada od maja do listopada,

I POLAKÓW W AUSTRALII

co jest nie lada urozmaiceniem dla mieszkańców wschodniego wybrzeża. Toteż Góra Kościuszki jest dla Australijczyków ulubionym miejscem wycieczek.
– Czy widać już stąd Górę Kościuszki? – zagadnął Tomek.
– Spojrzyj na znajdujący się przed nami ostry szczyt całkowicie pokryty śniegiem. To jest właśnie Góra Kościuszki – wyjaśnił Bentley.
Skalisty, pokryty wiecznym śniegiem szczyt **dominował** nad kilkoma innymi wzniesieniami masywu. Była to Góra Kościuszki, odkryta i nazwana przez Strzeleckiego imieniem polskiego bohatera narodowego. Grupka Polaków w milczeniu spoglądała na górę. Ze wzruszeniem **uzmysłowiła** sobie, że to właśnie ich rodak odkrył te nie znane przed nim góry na australijskim kontynencie. (...)
    Nasi podróżnicy zatrzymali się na nocleg na brzegu strumienia. Przy obozowym ognisku długo jeszcze rozmawiali o wybitnym polskim podróżniku.

Wczesnym rankiem znowu dosiedli koni. Odnaleźli dość szeroką ścieżkę, po której konie mogły już piąć się bez trudu. Zaledwie kilkaset metrów od szczytu zsiedli z **wierzchowców**. Pozostawili je pod **dozorem** Tony'ego. Bentley poprowadził Polaków na sam szczyt. Za chwilę zobaczyli wspaniałą przestrzeń około osiemnastu tysięcy kilometrów kwadratowych. W dali na wschodzie, mimo odległości osiemdziesięciu kilometrów, widoczne było morskie wybrzeże.
– Więc to tutaj musiał zapewne Strzelecki rozmyślać o Kościuszce, skoro ten szczyt nazwał jego imieniem – odezwał się Tomek do stojącego obok niego Bentleya. (...)
– Strzelecki był wspaniałym, pełnym poświęcenia człowiekiem, który swoimi badaniami i odkryciami przyczynił się do rozwoju gospodarczego Australii – powiedział Bentley.
– Uczcijmy teraz chwilą milczenia pamięć naszego zasłużonego rodaka – odezwał się Wilmowski.
Podróżnicy odkryli głowy i stali w milczeniu na ośnieżonym skalnym szczycie.

świt – ranek, zaraz po wschodzie słońca
dotkliwy – uciążliwy, męczący
dominować – górować nad czymś, przewyższać coś
uzmysłowić – zdać sobie sprawę z czegoś
wierzchowiec – koń lub inne zwierzę, na którym można podróżować w siodle (osioł, wielbłąd, dromader)
dozór – opieka

Zastanów się i odpowiedz!

1. Podaj miejsce akcji opowiadania.
2. Czym jest Australia na mapie świata? Określ jej położenie w stosunku do innych kontynentów (na północ, na zachód od, obok, powyżej.)
3. Podaj cel pobytu Polaków w Australii (w tym opowiadaniu).
4. Odszukaj fragment tekstu, w którym uczestnicy obozowiska podejmują decyzję wejścia na Górę Kościuszki.
5. Co powiedział im Bentley o zasłużonym dla Australii polskim naukowcu Pawle Strzeleckim?
6. Zapoznaj się z notką biograficzną o Pawle Edmundzie Strzeleckim oraz wiadomościami o Polonii australijskiej i przygotuj się do wystąpienia przed klasą na temat: "Polacy w Australii".

7. Odszukaj na stronie internetowej www.polishorg.au adresy polskich szkół sobotnich i napisz list do szóstej klasy wybranej przez siebie szkoły z prośbą o nawiązanie kontaktu z koleżanką lub kolegą.
(Takie znajomości są bardzo miłe i kształcące!).

Szersze spojrzenie na temat

Paweł Edmund Strzelecki
dumą Polaków i Polonii australijskiej

1794-1873

24 czerwca 1794 roku niedaleko Poznania przyszedł na świat Paweł Edmund Strzelecki. Pochodził ze znanej szlacheckiej rodziny. Kształcił się w Warszawie. Brał udział w powstaniu listopadowym, a po jego upadku wyjechał do Anglii, gdzie skończył studia geologiczne na uniwersytecie w Oxfordzie. Jego życie to ciągłe podróże dookoła świata. Pierwszym etapem była Ameryka Północna. Tu prowadził badania z geologii i meteorologii, poznawał obyczaje plemion indiańskich i opisywał je. W Kalifornii poszukiwał złota.

Był gościem prezydenta Stanów Zjednoczonych Andrew Jacksona i przemawiał na posiedzeniu Kongresu Amerykańskiego. Prowadził badania w Brazylii, Argentynie, Chile. W kolejnych latach zwiedzał, badał i opisywał wyspy Oceanii: Hawaje, Tahiti i Nową Zelandię. Największą sławę i popularność przyniosła mu działalność w Australii w latach 1839-1842.

Odkrył tam złoża złota i srebra, ale na prośbę gubernatora G. Gippsa fakt ten zachowano w tajemnicy w obawie przed "gorączką złota". Dokonał też wszechstronnych badań długiego, liczącego 4000 km pasma Wielkich Gór. Z wielu różnych pomysłów spędzania wolnego czasu spodobał mu się zamiar zdobycia najwyższego szczytu "Australijskich Alp". Nazwał ten szczyt Górą Tadeusza Kościuszki. Jest to najwyższy punkt kontynentu (2228 m.) i chociaż nie dorównuje Mount Everestowi, to żaden alpinista, który chce zdobyć Korony Ziemi całego świata, nie może pominąć Góry Kościuszki.

Obdarzony w Anglii najwyższymi zaszczytami (honorowym doktoratem Oxfordu, Orderem św. Michała i św. Jerzego z rąk królowej brytyjskiej Wiktorii) zmarł w 1873 roku.

Niedawno organizacje polonijne w Australii obroniły nazwę Góry Kościuszki przed zmianą na Górę Aborygeńską. Najwyższy szczyt pozostanie więc nadal Górą Kościuszki.

Polonia zamieszkała w Australii

Góra Kościuszki.
Młodzież polska niesie krzyż, który został podarowany Australii przez Watykan na Światowy Zjazd Młodzieży w 2008r.

Dzieci i młodzież z polskiej szkoły w Sydney.

Polonia zamieszkująca Australię liczy obecnie około **140 tysięcy osób**. Główne ośrodki polonijne znajdują się w **Brisbane**, **Melbourne** i **Sydney**. Najwięcej emigrantów polskich przybyło do Australii między I i II wojną światową, ale ślady pierwszej emigracji sięgają początków XIX stulecia. Podobno w 1803 roku kupił farmę i gospodarował na niej Józef Potocki (polski magnat). Najmłodsza emigracja polska pochodzi z lat 1981-1990. Był to okres działalności **"Solidarności"**, okres przemian w Polsce, ale i licznych prześladowań działaczy tej organizacji. W Australii działa wiele organizacji polonijnych i polskich szkół, w których dzieci i młodzież uczą się języka i kultury polskiej.
Patrz: (**www.polish.org.au**)

To nie dinozaur, ale nogi australijskiego emu.

RELIGIA I POLSKOŚĆ

"Nie ma nauki języka, jego kultury i sztuki bez znajomości religii danego narodu".
(językoznawcy)

Polska katolicka

Małgorzata Pawlusiewicz

Za czasów Mieszka I Polska była największym krajem słowiańskim, niestety pogańskim, dlatego nie zaliczano jej do cywilizowanych krajów Europy. Przełomem w dziejach Polski był ślub **Mieszka I** z katolicką księżniczką czeską **Dąbrówką** i przyjęcie wraz z narodem **chrztu w 966 roku**. Od tego czasu Polska stała się państwem chrześcijańskim uznanym przez sąsiadów z zachodu i weszła do rodziny chrześcijańsko-łacińskich narodów Europy Zachodniej.

Dąbrówka i Mieszko I

Zaprowadzenie chrześcijaństwa w Polsce (966) mal. Jan Matejko

Powoli odchodziły w zapomnienie dawne pogańskie bóstwa:
Światowid – najważniejszy bożek Słowian, Swarożyc, Dadźbóg, opiekuńcze bóstwa pól uprawnych, bydła, wiatru, ognia i wody. *(Niektóre obrzędy i zwyczaje okresu pogaństwa pozostały w polskiej tradycji do dzisiaj, ale zostały powiązane z nową wiarą.)*

Posąg Światowida ze Zbrucza, odnaleziony około 150 lat temu na dawnych terenach Polski. Przekazany Muzeum Archeologicznemu w Krakowie, stał się jednym z pierwszych eksponatów tego muzeum.

Polska stała się wyznawcą jednego Boga i państwem bezpiecznym. Na rozstajach dróg pojawiały się przydrożne kapliczki, krzyże, które na wieki wrosły w polski krajobraz tak, jak brzozy, wierzby i topole.

*Od lewej:
kapliczka przydrożna św. Jana Nepomucena (patrona spowiedników) Kamesznica koło Żywca*

Kapliczka Matki Bożej Królowej Nieba Prusów koło Milówki (Polska południowa)

Królowie i możni nie szczędzili pieniędzy i złota, by budować piękne kościoły. Najpierw były to kościoły drewniane, później z kamienia lub murowane.

Kościół drewniany w Haczowie (Polska płd-wsch)

Kościół murowany w Strzelnie (Polska północna)

121

Na swój sposób czcił Boga prosty lud. W każdej izbie wisiały rzędem u powały malowane na drewnie lub szkle wizerunki Matki Boskiej i świętych. Strzegły one spokoju domostw, chroniły przed piorunami, ogniem, zgrajami zbójców czy watahami wilków.

Ten zwyczaj wieszania świętych obrazów pozostał w wielu polskich wsiach do dzisiaj.

Święty Wojciech został patronem Polski, a do jego grobu ciągnęli pielgrzymi z całej Europy. Królowa Jadwiga dzięki małżeństwu z księciem litewskim Jagiełłą wprowadziła chrześcijaństwo na Litwie.

Gniezno stało się centrum katolickim Polski, a brat świętego Wojciecha został pierwszym arcybiskupem.

Srebrna trumna z relikwiami św. Wojciecha w katedrze gnieźnieńskiej.

Arcybiskupowi gnieźnieńskiemu przysługiwała rola koronowania królów, a w okresie bezkrólewia lub do czasu uzyskania pełnoletności przez przyszłego władcę, prymas pełnił rolę władcy całego kraju.

Powstawały zakony, a zakonnicy szerzyli wiarę, rozwijali szkoły, wnosili duży wkład w rozwój rolnictwa, ogrodnictwa, sztuki i architektury.

Koronacja króla polskiego (art. niezn.)

Polska przez wieki spełniała bardzo ważną rolę w obronie własnej i Europy przed najazdami Tatarów i Turków, którzy chcieli narzucić siłą swoją religię (islam) i wprowadzić ją do Polski i Europy.

Obóz tatarski – mal. Józef Brandt

Polski król Jan III Sobieski stoczył z Turkami bitwę pod Wiedniem, wygrał ją, tym samym obronił Europę przed zalewem Turków i wprowadzeniu do Europy islamu.

Zwycięstwo Sobieskiego pod Wiedniem – mal. Jan Matejko

Oprócz najazdu Tatarów i Turków na Polskę napadały też inne ludy, np. Szwedzi w 1655 roku bardzo szybko zajęli i zniszczyli nasz kraj: miasta, kościoły, klasztory, wywieźli cenne przedmioty, obrazy, rękopisy. Ofiarą "potopu szwedzkiego" stał się także klasztor paulinów w Częstochowie. Sześć tygodni trwała obrona klasztoru. Mimo że wojska szwedzkie przygniatały swoją liczebnością (3725 żołnierzy i 26 dział), 160 polskich żołnierzy i 24 działa zdołały pokonać Szwedów. Akcją dowodził ksiądz Kordecki, który nazwał obronę Częstochowy cudem.

Obrona Częstochowy – mal. January Suchodolski

"Zesłanie na Sybir" – mal. Artur Grottger

Ciężkie czasy przeżyli Polacy i Kościół w długim okresie **zaborów**. Najtragiczniejsza sytuacja Kościoła była w zaborze rosyjskim. Niszczono, palono kościoły, a księży i biskupów wywożono na Sybir. Polacy nie poddawali się o czym świadczy "**Rota**" Marii Konopnickiej śpiewana przy każdej okazji.

Nie rzucim ziemi, skąd nasz ród,
Nie damy pogrześć mowy!
Polski my naród, polski lud,
Królewski szczep piastowy,
Nie damy by nas gnębił wróg...
– Tak nam dopomóż Bóg!

Maria Konopnicka

fragm. obrazu "Powstaniec" –
mal. Maksymilian Gierymski

Taka sytuacja trwała aż do odzyskania przez Polskę niepodległości w 1918 roku. Kościół mógł się rozwijać i odbudowywać. Niestety po dwudziestu latach nadeszła straszliwa, najstraszniejsza w skutkach II wojna światowa (**1939-1945**), kiedy to dwaj okupanci: Niemcy od zachodu i Związek Radziecki od wschodu, zajęli na długie 6 lat terytorium Polski. Zginęły miliony Polaków-katolików, miliony Żydów, miliony wywieziono na przymusowe roboty. Zamordowano ponad dwa i pół tysiąca katolickich księży, braci zakonnych i sióstr. Na terenach zajętych przez Rosjan wielu księży zostało rozstrzelanych w **Katyniu** i innych miejscach /**Miednoje**, **Charków**/, gdzie mordowano oficerów polskich i polską inteligencję. Niszczono krzyże, przydrożne kapliczki, rabowano kościoły. Wyrzucano zakonników z klasztorów, palono kościoły lub zamieniano je na magazyny, kina lub teatry.

Plakat przedstawiający mordowanie polskich oficerów strzałem w tył głowy

Po zakończeniu II wojny światowej Polska znalazła się pod wpływem ateistycznej, wrogo do kościoła nastawionej Rosji (*Związku Radzieckiego*).
Chociaż można było chodzić do kościoła, mieć w domach krzyże i obrazy święte, to były jednak pewne ograniczenia.
Ludzie wierzący nie mogli awansować, uzyskiwać lepszej pracy itp. Księża, biskupi byli ciągle sprawdzani, śledzeni, a nawet więzieni (*kardynał Stefan Wyszyński*).

Kardynał Stefan Wyszyński i kardynał Karol Wojtyła

Ale znowu przywiązanie do starych haseł: **"Bóg, Honor i Ojczyzna"** oraz przekonanie, że kiedyś skończy się tyrania, dawała Polakom nadzieję, że będą żyć w wolnym kraju i innym lepszym świecie. Ta nadzieja spełniła się 16 października 1978 roku, kiedy to wybrano na papieża Polaka - Karola Wojtyłę. Polska została dostrzeżona przez wszystkie kraje świata.
I tak było przez 27 lat pontyfikatu Jana Pawła II.

Jan Paweł II odbył 104 pielgrzymki do 129 krajów, pokonując samolotem dystans równający się trzykrotnej odległości Ziemi od Księżyca. Docierał do wszystkich zakątków Ziemi, słuchając uważnie co ludziom leży na sercu. Po przylocie całował ziemię odwiedzanego kraju, mówił językiem jego mieszkańców i z niekłamaną radością i humorem zakładał stroje tubylców. A ludzie szaleli z radości! Modlił się z wiernymi w kościołach chrześcijańskich, w muzułmańskim meczecie i żydowskiej synagodze, zawsze z ogromnym szacunkiem dla ludzi odmiennych wyznań.
Od połowy lat dziewięćdziesiątych zaczął chorować. Operacje, ciągłe wizyty w klinice, a w końcu nieuleczalna choroba Parkinsona, spowodowały powolną utratę sił. Nie bał się cierpieć na oczach świata.
Gasł powoli. Umierał, otoczony najbliższymi w swoim papieskim apartamencie, jakby chciał przekazać światu, że miejsce człowieka umierającego jest wśród rodziny lub najbliższych.
Jeszcze pożegnał się z młodzieżą zgromadzoną na Placu św. Piotra pisząc na karteczce:
*"Szukałem Was, a teraz Wy przyszliście do mnie.
Dziękuję Wam."*

Ta śmierć wstrząsnęła światem!

2 kwietnia, 2005

Kiedy arcybiskup Leonardo Sandri wypowiedział słowa: *"Nasz umiłowany Ojciec Święty powrócił do domu Ojca"* – Plac św. Piotra zastygł. Słychać było nawet szum fontanny. Pochyliły się głowy, pojawiły łzy, a dłonie zaciskały paciorki różańców.
– **Święty za życia!** – krzyczeli Polacy.
– **Santo subito!** *(święty natychmiast!)* – krzyczeli Włosi.

No cóż, wszystko na tym świecie ma swój kres, ale jeśli umiera Człowiek, który był symbolem miłości, pojednania, pokoju i ładu, to sądzimy, że *"usuwa się nam grunt spod nóg"*. Ta śmierć wstrząsnęła światem i wszystkimi ludźmi. Ze smutkiem pochylali głowy katolicy, wyznawcy innych religii, przywódcy państw. W te dni nie tylko we wszystkich największych miastach, ale i na małych wysepkach zagubionych w bezmiarach oceanu, ludzie czuli to samo: ból, smutek, żałobę i pustkę. Przejmującą pustkę.

"Takiego papieża nie było w dziejach Kościoła."
"Odszedł największy autorytet moralny."
"Co stanie się ze światem, w jakim pójdzie kierunku?"

Każdym czynem czynił dobro.
Każdym spojrzeniem, dotykiem, słowem siał miłość.
Uczył modlitwy, pokory, szacunku dla życia i dla każdego człowieka.

I nadszedł dzień pogrzebu.

Do Rzymu przybyło wiele milionów ludzi ze wszystkich kontynentów. Historia świata nie znała podobnego pogrzebu. Delegacje rządowe reprezentowały około 200 krajów. Pogrzeb zgromadził przywódców świata, gdzie obok siebie siedzieli i królowie, prezydenci, premierzy, i delegaci rządów. Wielu z nich widziało się po raz pierwszy w życiu. Wielu z nich podało sobie ręce na znak pokoju, po wielu latach sporów, kłótni i wojen.
Jesteśmy szczęśliwi, że żyliśmy w okresie pontyfikatu papieża Polaka.
Ale pamiętajmy, że to nas do czegoś zobowiązuje. Jan Paweł II mawiał do młodzieży:
*"Nie bójcie się stawiać sobie wymagań i wymagajcie od siebie,
chociaż inni od Was tego nie wymagają."*
Żyjmy więc tak, jakby On chciał, byśmy żyli.

ROZDZIAŁ VIII — CZŁOWIEK I ZIEMIA

Jak będę zapobiegać ociepleniu klimatu?

Co zrobię dla utrzymania czystości wód?

Jak będę chronił przyrodę?

Co zrobię dla świata, by ludziom żyło się miło i spokojnie?

JAKI BYŁ POCZĄTEK?

Mity, legendy, opowieści biblijne o stworzeniu świata i człowieka

według „Encyklopedii wiedzy o świecie", „Mitologii" oraz opowieści biblijnych.
oprac. M. Pawlusiewicz

Od najdawniejszych czasów ludzie zastanawiali się nad tym, jak powstała Ziemia, na której żyjemy i w jaki sposób powstał pierwszy człowiek. Poglądy, dotyczące początków świata, różniły się w zależności od tego, gdzie i kiedy żyli ich autorzy. Inne były wierzenia Indian, inne ludów Australii, inne mieszkańców Azji, a inne Europy. Jedno jest pewne. Ludzie byli przekonani, że istniała jakaś jedna praprzyczyna, która spowodowała początek istnienia świata.

Ludzie zamieszkujący **Amerykę Północną** uważali, że świat został stworzony przez kruka, który zrzucał kamienie do oceanu tak długo, aż powstał ląd. Następnie stworzył drzewa, trawy, ryby, ptaki i inne zwierzęta. Na koniec z kawałków gliny i drewna stworzył mężczyzn i kobiety.

Pierwotni ludzie **Afryki** przekazują nieco inną wersję: Otóż matka natury Woyengi, siedząc na specjalnym kamieniu, lepiła ludzi z wilgotnej ziemi. Ludzi, którzy wybrali luksus życia, umieszczała w niebezpiecznym nurcie rzeki, a ludzi, którzy zadawalali się życiem bez bogactw, w wolno płynącej rzeczce.

Legendy **azjatyckie** przekazują nam, że glina była materiałem do lepienia z niej człowieka, a na początku nie było ziemi, lecz olbrzymi ocean. Bóg zauważył unoszące się nad powierzchnią wody grudki błota i ulepił z nich człowieka.

Mity i legendy **Indian** zamieszkujących **Amerykę Południową** mówiły, że człowiek został ulepiony z mąki kukurydzianej i krwi bogów.

W mitach europejskich (greckich i rzymskich) oraz wierzeniach Egipcjan przewija się temat bogów, jako istot podobnych do człowieka, ale żyjących wiecznie czyli nieśmiertelnych.
Bogowie byli piękniejsi i silniejsi od ludzi. Ich biała krew rozsiewała nieprawdopodobnie piękną woń. Natomiast ludzie byli stworzeni z gliny jako bezradni i słabi. Życie bogów było przyjemne i szczęśliwe, a los człowieka skazany był na cierpienia i śmierć.

Według opowiadań biblijnych Bóg tworzył niebo, ziemię i człowieka przez 7 dni

Pierwszego dnia Bóg stworzył światłość, nazwał ją dniem, a ciemność nazwał nocą.

W drugim dniu stworzył piękne niebo, które tętniło światłem i unosiło się w górze.

Trzeciego dnia Bóg oddzielił wodę od lądu. Ziemię pokrył roślinami.

W czwartym dniu Bóg oddzielił dwa światła i nazwał je Słońcem i Księżycem.

Piątego dnia stworzył ryby, ptactwo i owady, a...

... w szóstym różnego rodzaju zwierzęta.

130

fresk "Stworzenie Adama" - mal. Michał Anioł, Watykan

W siódmym dniu Bóg ukształtował człowieka z prochu ziemi i dał mu życie. Powiedział też: "Niech powstanie człowiek, aby panował nad rybami, ptakami, bydłem i zwierzętami pełzającymi po ziemi."

Zastanów się i odpowiedz!

1. Dlaczego ludzie tworzyli mity o powstaniu Ziemi i człowieka?
2. Porównaj wyobrażenia ludów zamieszkujących poszczególne kontynenty.
3. W jaki sposób powstał człowiek - czy zauważasz podobieństwa mitów na ten temat?
4. Jakimi cechami charakteryzowali się bogowie?
5. Dlaczego ludzie wyobrażali sobie bogów jako stwórców i zarządzających światem?
6. Jak myślisz, dlaczego, według opowiadań biblijnych, Bóg stworzył człowieka na samym końcu?
7. Czy dostrzegasz podobieństwa między różnymi mitami, a opowieściami biblijnymi wyjaśniającymi powstanie świata?

Poznajmy zasady pisowni wyrazów "człowiek, ziemia"

- **człowiek** to istota żyjąca, rozumna /homo sapiens/ – piszemy wyraz **małą literą.**

- **Człowiek przez duże C** – mówimy o człowieku wyjątkowo dobrym, szlachetnym, który zawsze potrafi zachować się godnie, i który dokonuje rzeczy wielkich.
  np. Jan Paweł II był *Człowiekiem przez duże C*.

- **ziemia** – grunt, po którym chodzimy, gleba, ziemia uprawna – piszemy **małą literą.**

- **Ziemia** – piszemy wielką literą wtedy, jeśli mamy na myśli planetę, glob ziemski.

Szersze spojrzenie na temat

Bez względu na to jakie były i są wyobrażenia na temat
istnienia świata i nas – świat istnieje, a w nim Ziemia i człowiek.
Wszechświat także ewoluuje. W świecie roślin i zwierząt na naszej planecie
także występują zmiany – jedne gatunki giną, inne powstają.
Wszyscy jesteśmy odpowiedzialni za to, co się dzieje wokół nas:
za roślinność, zwierzęta i spokój na ziemi. Musimy wiedzieć, że są już
miejsca na Ziemi, gdzie człowiek zniszczył równowagę w przyrodzie
i z każdym dniem nasza planeta staje się uboższa.
Wysychają lasy, jest coraz mniej wody nadającej się do picia, ociepla się klimat,
giną niektóre gatunki zwierząt i roślin, a to wszystko przez:
wyniszczające przyrodę ścieki, odpady chemiczne i nuklearne, nadmierne ilości środków ochrony
roślin i sztuczne nawozy, które zatruwają ziemię, żywność, a tym samym człowieka.
Co będzie za 100 i więcej lat?
Zastanówmy się wszyscy w jaki sposób możemy zatrzymać niszczącą działalność człowieka.

Pracuj nad rozwojem słownictwa!

Wyrażenia związane z człowiekiem

Bądź człowiekiem – Mówimy do kogoś, prosząc, przypominając, by zachowywał się przyzwoicie i z wyrozumiałością
np. – Pójdziesz pograć w piłkę, kiedy odrobisz lekcje!
– Mamo, *bądź człowiekiem,* koledzy już na mnie czekają!

Będą z ciebie ludzie! – Mówimy z podziwem o dobrze zapowiadającym się młodym człowieku.
np. Grasz pięknie, a przecież ćwiczysz dopiero dwa lata.
Będą z ciebie ludzie! Już to widzę!

człowiek czynu – to człowiek odznaczający się aktywnością, pracowitością, działaniem przynoszącym efekty
np. Prezydent, premier, burmistrz miasta, muszą być *ludźmi czynu*.

człowiek człowiekowi wilkiem – to przysłowie mówi o wrogości człowieka do człowieka
np. Teraz strach oglądać telewizję. Wszędzie morderstwa, wojny, gwałty. Szkoda, że człowiek *człowiekowi jest wilkiem*.

chylić czoło – znaczy odnosić się do kogoś z ogromnym szacunkiem ze względu na jego cechy i postępowanie
np. **Chylę czoło** przed każdym człowiekiem, który bezinteresownie pomaga innym ludziom

ODPOWIEDZIALNOŚĆ ZA ŚWIAT

Fragment przemowy indiańskiego wodza skierowanej do prezydenta Stanów Zjednoczonych Ameryki Północnej

Tłumaczenie – studenci germanistyki Katolickiego Uniwersytetu Lubelskiego

(Brak danych odnośnie imienia wodza i nazwiska prezydenta)

Każda część tej ziemi jest dla mojego ludu święta, każda błyszcząca igła jodły, każdy piaszczysty brzeg, każda mgła w ciemnych lasach, każda polana; każdy brzęczący owad jest święty w myślach i doświadczeniach mojego ludu.

Pachnące kwiaty są naszymi siostrami; sarna, koń, orzeł są naszymi braćmi. Skaliste wzgórza, soczyste łąki, ciepło konia i człowieka – wszystko stanowi jedną rodzinę.
Jeżeli sprzedamy wam naszą ziemię, pamiętajcie i uczcie wasze dzieci, że rzeki są naszymi – i waszymi braćmi. Kochajcie je, jak kochacie braci.

Wiemy, że biały człowiek nas nie rozumie. Dla niego ten skrawek ziemi nie różni się od innych, gdyż jest on obcym, który przychodzi nocą i zabiera ziemi wszystko to, czego potrzebuje.
Ziemia nie jest dla niego bratem, lecz wrogiem; gdy ją zdobędzie, kroczy dalej.

Nie ma ciszy w miastach białych ludzi. Nie ma miejsc, w których wiosną można usłyszeć rozwijanie się liści lub brzęczenie owadów. Zgiełk rani tylko nasze uszy.
Cóż pozostaje z życia, gdy nie można usłyszeć samotnego krzyku ptaka lub sporów żab nad stawem nocą?

Indianin lubi cichy szum wiatru muskającego powierzchnię stawu i woń wiatru, oczyszczoną południowym deszczem lub nasyconą zapachem sosen. Powietrze jest dla czerwonego człowieka drogie – gdyż wszyscy nim oddychają – zwierzę, drzewo, człowiek – wszyscy oddychają tym samym powietrzem.

I jeśli sprzedamy wam naszą ziemię, musicie szanować ją, jak ziemię szczególną i uświęconą; jako miejsce, w którym także biały człowiek czuje słodki zapach wiatru nasycony wonią kwiecistych łąk.

Uczcie wasze dzieci, czego my uczymy nasze – że ziemia jest matką. Co dotknie ziemię, dotknie także synów tej ziemi. Gdy człowiek pluje na ziemię, opluwa samego siebie. Wiemy jedno – ziemia nie należy do człowieka, lecz człowiek należy do ziemi. – To wiemy.

Zastanów się i odpowiedz!

1. Czym była Ziemia dla plemion indiańskich?
2. Do kogo porównywał wódz Indian kwiaty, zwierzęta, łąki, rzeki?
3. Dlaczego wódz stwierdził, że biały człowiek ich nie rozumie?
4. Na czym polegała miłość Indian do przyrody?
5. Czym dla Indianina jest powietrze?
6. Jakie przykazanie usłyszał prezydent od sprzedającego Ameryce ziemię Indianina?
7. Przeczytaj ostatnie zdanie z przemowy wodza i spróbuj je uzasadnić.
8. Wypisz te stwierdzenia Indianina odnośnie stosunku do przyrody, z którymi się zgadzasz.
9. Przygotuj się do wystąpienia przed klasą na temat: "Świat za 100 lat".
(Wykorzystaj swoją wyobraźnię, wiedzę o rozwoju nauki i techniki. Weź pod uwagę fakt, że postęp techniczny zmienia ludzi, wpływa na ich zachowanie, zdrowie i stosunki między nimi).

Wskazówki dla opowiadających

■ Opowiadanie przygotuj nie "w myśli" lecz na głos. Powtarzaj je tak długo, aż zaczniesz mówić płynnie.

■ Opowiadaj tak, aby twoja wypowiedź nie robiła wrażenia wyuczonej na pamięć. Mów swobodnie i wyraźnie.

■ Opowiadając, nie błądź wzrokiem po ścianach, ani nie wpatruj się w podłogę, lecz próbuj nawiązać kontakt wzrokowy ze słuchaczami.

Szersze spojrzenie na temat

Indianie, rdzenni mieszkańcy "Nowego Lądu", odkrytego w 1492 roku przez Krzysztofa Kolumba, byli właścicielami terenów Ameryki Północnej i Południowej, pokojowo nastawionymi do ludzi, o czym wspominał sam Kolumb: *"Są tak szczerzy i hojni, dzieląc się tym co mają, że nikt nie uwierzy. Kochają swoich sąsiadów, tak jak siebie nawzajem, ich mowa jest najsłodszą i najłagodniejszą na świecie, a uśmiech nigdy nie znika z ich twarzy".*

Przybyli z Azji na tereny Ameryki przez Cieśninę Beringa.
Dobrze zbudowani, silni, prowadzili skromny i zdrowy tryb życia, zgodnie z naturą. Zawsze czuli się jej częścią. Nie niszczyli ziemi, ale ją uprawiali. Polowali i walczyli tylko wtedy, kiedy było to koniecznością.
"Obcych" przyjęli przyjaźnie, będąc im pomocni, życzliwi i ufni. Pomagali im przetrwać trudy pierwszych lat życia na tym kontynencie. Zaopatrywali w żywność, ratowali ich okręty w czasie sztormów, nauczyli ich uprawiać ziemię, siać zboże, kukurydzę, robić buty (mokasyny) i skafandry ze skór. Pokazali im jak używać nart do przemieszczania się zimą po rozległych przestrzeniach.
Z początku wzajemne stosunki układały się pomyślnie. Z czasem jednak Indianie przekonali się, że biały człowiek zaczyna rządać od nich coraz więcej i więcej: chce większej przestrzeni dla siebie, a więc ich ziemi, ale nie dobrym słowem czy umową, ale groźbą, przemocą, bronią i wojną.

Ta przemoc spowodowała agresję Indian. Zaczęły się długotrwałe wojny.

Alkohol, broń, groźne choroby, które przejęli Indianie od białych i nieustanne wojny, spowodowały wiele cierpień Indian (porównywalnych do strat Polaków, Żydów i Romów z rąk nazistowskich i rosyjskich oprawców w II wojnie światowej). Przez kilka dziesięcioleci trwały walki i wyniszczanie plemion indiańskich.

Historia Ameryki dziwnie to przemilcza lub osądza inaczej. Prawdą jest jednak, że zagładzie uległa wielomilionowa część ludności kuli ziemskiej, tak pokojowo nastawiona do świata. Resztę osadzono w rezerwatach lub wygnano na tereny obecnej Kanady. Pozostali zmuszeni byli do sprzedania swojej ziemi (*tak jak ten wódz*). Pozostały po nich nazwy stanów (np. Dacota, Wisconsin, Massachusetts, Michigan, Kansas, Indiana, Illinois), miast (Chicago, Milwaukee), ulic (Narragansett), a nawet marek samochodów (Cherokee, Pontiac). Tylko w nielicznych rezerwatach żyje dziś garstka smutnych ludzi siłą wciągniętych w cywilizację.

A tyle mogli nas jeszcze nauczyć!

Pracuj nad rozwojem słownictwa!

brudny jak święta ziemia – mówimy o osobie lub rzeczy brudnej, bardzo brudnej;
np. Dopiero prałam firanki, a już są *brudne jak święta ziemia*.

twardo stąpać, chodzić po ziemi – mówimy o człowieku, który jest realistą;
Nie fantazjuje, nie żyje marzeniami, ale postępuje rozsądnie
np. Mama, choć sama *twardo stąpała po ziemi*, uczyła nas marzyć, mówiąc, że marzyciele są szczęśliwi.

nie z tej ziemi – coś lub ktoś niezwykły, rzadko spotykany, zadziwiający;
np. – Chcesz siedzieć w ławce z Arturem?
– Coś ty! – To bezczelny ściągacz dyktand, to oszust *nie z tej ziemi*.

zrównać coś z ziemią – człowiek lub jakiś żywioł: trzęsienie ziemi, wybuch wulkanu, wojna, doprowadza do ogromnych zniszczeń;
np. Wycofujący się żołnierze niemieccy *zrównali Warszawę z ziemią*.

ziemia mlekiem i miodem płynąca – miejsce, gdzie ludziom żyje się dostatnio;
np. Dawne tereny wschodniej Polski to cudowne ziemie, gdzie rodziło się wszystko, co rolnik zasiał. To była *ziemia mlekiem i miodem płynąca*.

ĆWICZENIE W SŁUCHANIU (FELIETON)

3

lekcja z płytą CD dla klasy VI

Pewnego dnia hotel Victoria w Warszawie zaatakowały pszczoły. Powstała panika, gdyż całe roje niebezpiecznych, w takich wypadkach, owadów oblepiły okna hotelu. Był to szok nie tylko dla gości hotelowych, ale i dla służb porządkowych miasta. Przypomniano sobie jednak o najlepszym znawcy pszczół - panu Władysławie. Wybór okazał się trafny. W ciągu pięciu godzin niebezpieczeństwo zostało zażegnane, a roje pszczół znalazły miejsce w gościnnej pasiece pana Władysława. Jeśli chcecie dowiedzieć się czegoś więcej o życiu tych mądrych owadów, posłuchajcie felietonu radiowego z płyty dla klasy szóstej.

Ule - mal. J. Stanisławski

"*Boże –*
Nie pozwól nam zniszczyć doszczętnie powietrza,
wody, ptaków, pszczół i wilków.
Niech coś jeszcze zostanie dla tych, co będą po nas."

Anna Kamieńska

NIESPOKOJNA ZIEMIA - WOJNY

Przypowieść o kropli miodu – czyli jak łatwo rozpętać wojnę.

Bruno Ferrero
oprac. M. Pawlusiewicz

Tak mogło się zdarzyć!

Przed laty w pewnej wsi kupiec założył sklep spożywczy. Nie zarabiał wiele, ale też nie skarżył się. Zresztą w tamtych czasach ludzie zadawalali się małymi rzeczami i byli przez to szczęśliwi.
Pewnego razu do sklepu wszedł pasterz z pobliskiej wsi z pięknym psem, na którego natychmiast zwrócił uwagę sprzedawca.
– Co za wspaniały pies! Potrzebuje pan miodu? Mam, naturalnie i to przednie gatunki! – Ma pan słoik? Ile pan potrzebuje?
Ależ ten pies piękny! – sprzedawca nie mógł oderwać od niego wzroku.
A jaki inteligentny! – rzekł pasterz. – Powinien pan zobaczyć go w akcji, gdy jest ze mną na pastwisku.
Podczas, gdy sprzedawca przelewał miód do słoika, jedna kropla miodu upadła na podłogę.
W tym momencie mucha, która pojawiła się nie wiadomo skąd, rzuciła się na tę kroplę i nagle kot sklepikarza, który dotąd spał w kącie, rzucił się i jednym uderzeniem łapy rozpłaszczył ją.
Zdezorientowany nagłym pojawieniem się kota, pies warknął i rzucił się na kota.
Nastąpił straszny zamęt, ujadanie, miauczenie, a kły i pazury poszły w ruch. Nim ktokolwiek mógł coś zaradzić, kot leżał sztywny u nóg swego pana.
– O, przeklęta bestio – krzyczał sprzedawca. – Mój biedny kotek! I zaślepiony złością chwycił pierwszy lepszy ciężki przedmiot i uderzył psa tak mocno, że biedny pies padł martwy, obok kota.
Pasterz zaczął rozpaczać:
– Dzikus, morderca, zabójca mojego jedynego przyjaciela! Patrz, jak kończą tacy jak ty! – Ujął swój kij pasterski i zatłukł sprzedawcę na śmierć.
– Pomocy! – Łapcie mordercę! – wołali świadkowie zdarzenia.
Zbiegli się ludzie z całej wioski. **Obezwładnili** pasterza i śmiertelnie go pobili.
W górach, w wiosce, z której pochodził pasterz rozległy się nawoływania. – Na pomoc! Zabili naszego pasterza! Trzeba go pomścić!
Mieszkańcy uzbrojeni w kamienie, łopaty, widły zaatakowali pobliską wieś.
Rozpętała się **rzeź**.
Wktrótce z dwóch wsi pozostały tylko **zgliszcza**, trupy i spustoszenie.
Tak się złożyło, że te dwie wsie leżały na granicy dwóch państw.
Król pierwszego, powiadomiony o zniszczeniu wsi, zwołał wojsko i wypowiedział wojnę.
Król drugiego państwa nie pozostał mu dłużny.
Rozpętała się staszliwa wojna.
Oba kraje stanęły w ogniu.
Pola uprawne zamieniły się w pola bitewne, nastał głód i epidemie.
Nieliczni, którzy w cudowny sposób ocaleli, pytali siebie i ciągle jeszcze pytają: "Z jakiego powodu to się zaczęło... i czy nie można było tego uniknąć?"

obezwładnić – uczynić kogoś bezbronnym, pozbawić swobody ruchów
rzeź – tu: masowe zabijanie, mordowanie ludzi podczas walki
zgliszcza – pozostałości po pożarach, spaleniu

Zastanów się i odpowiedz!

1. Dlaczego wybuchła straszliwa wojna opisana w opowiadaniu? Jaką rolę odegrała kropla miodu?
2. Czy tej wojny można było uniknąć?
3. Jak potoczyły się dalsze wypadki konfliktu od kropli miodu?
4. Zapytajcie rodziców, poszukajcie w Internecie, z jakich przyczyn wybuchły dwie wojny światowe XX wieku.
5. Dowiedzcie się także o powodach obecnie trwających wojen na świecie.
6. Do jakich zmian na Ziemi może dojść w wyniku prób atomowych pod powierzchnią oceanów,?
7. Jaką rolę w kontaktach z ludźmi może spełniać proste zdanie "Jak ja Cię lubię!".
8. Napisz wypracowanie pt. "Co każdy z nas może zrobić, by zapanował pokój na świecie?". (*Pomoże ci w tym zadaniu króciutka przypowieść pt. "Pies w lustrze"*).

Co to jest przypowieść?

Przypowieść to historyjka, opowiadanie, którym posługiwano się od wielu tysięcy lat, by pomóc drugiemu człowiekowi w zrozumieniu różnych sytuacji życiowych. Poprzez podawane przykłady uczono ludzi, jak podobnie czynić w życiu, czego unikać i jak szukać dobra, miłości i radości życia.

Pies w lustrze

Bruno Ferrero
tł. Anna Gryczyńska

Wędrując tu i tam, wielki pies dotarł do pokoju, w którym wszystkie ściany pokryte były wielkimi lustrami.
Nagle znalazł się otoczony wieloma psami.
Zaczął szczerzyć zęby i warczeć. Wszystkie psy w lustrach naturalnie zrobiły to samo, pokazując groźne kły.
Pies zaczął się obracać z zawrotną szybkością wokół siebie, chcąc obronić się przed zgrają – wreszcie ujadając wściekle – rzucił się na jednego z domniemanych napastników.
Padł na ziemię zemdlony i pokrwawiony w wyniku okropnego zderzenia się z lustrem.
Gdyby choć raz przyjaźnie pomachał ogonem, wszystkie psy z luster uczyniłyby to samo.
I nastąpiłoby radosne spotkanie.

Pracuj nad rozwojem słownictwa!

Drzewko skojarzeń

wojna

lęk, krew

obozy, krematoria

spalone domy, skażona ziemia...

1. Dlaczego wojna przynosi smutek, rozpacz i tragedię?
_____
_____
_____
_____

2. Co chciałbyś/chciałabyś powiedzieć przywódcom państw, którzy wywołują wojny i konflikty?
_____
_____
_____
_____

Pracuj nad rozwojem słownictwa!

Drzewko skojarzeń

radość,
szczęśliwy dom,
jasna przyszłość, miłość, śpiew
wesołe wakacje, kajak, plaża, lody

pokój

1. Dlaczego pokój w świecie jest tak ważny dla życia i szczęścia ludzi?
_____
_____
_____

2. Co zmieniłbyś/zmieniłabyś w świecie, aby dzieci były zawsze szczęśliwe i mogły realizować swoje marzenia?
_____
_____
_____
_____

Podsumowanie

Wojna jest nieszczęściem, tragedią dla wszystkich. Niesie za sobą zniszczenia, śmierć, kalectwo, nieszczęścia dzieci, matek i ojców.
Jak jej zaradzić?
Jak zmieniać ludzi?
Jak pracować nad sobą, by nieść miłość i dobroć?

■ **Uczmy się szacunku dla wszystkich stworzeń naszej planety w oparciu o piękne zalecenia świętego Franciszka z Asyżu (porównaj je z przemową wodza Indian do prezydenta Stanów Zjednoczonych)!**

- Bądź człowiekiem pośród stworzenia, bratem między braćmi.

- Odnoś się z miłością i czcią do wszystkich istot stworzonych.

- Ziemia została ci powierzona jako ogród; zarządzaj nią mądrze.

- Z miłości do siebie samego troszcz się o człowieka, zwierzęta, rośliny, o wodę i powietrze, aby ziemia nie została ich pozbawiona.

- Ścinając drzewo, pozostaw jego pęd, aby całkiem nie zniszczyć jego życia.

- Z szacunkiem stąpaj po kamieniach, bo każda rzecz ma swoją wartość.

Dzisiejsza lekcja powinna pozostać w waszej pamięci na zawsze!
Dyskutujcie. Notujcie ciekawsze wypowiedzi. Napiszcie piękne wypracowanie (str. 138 nr. 8).

■ **Zastanówcie się nad każdym z tych przysłów, starajcie się je zrozumieć i zapamiętać.**

człowiek

- Człowiek nie dla siebie się rodzi.
- Dobry człowiek psa nie drażni.
- Ludzi na świecie dużo, a "Człowiek" rzadki.

ziemia

- Kto chodzi po ziemi, nie upadnie.
- Ziemia jest wielka, a ludziom na niej ciasno.
- Ziemia dla wszystkich matką.

5 ZIEMIA MATKĄ NAS WSZYSTKICH, A...

Ta cisza była mądrością

M. Pawlusiewicz (zasłyszane)

Słońce grzało niemiłosiernie.
Zdjąłem z siebie koszulkę i oparłem się o pień drzewa. Bolała mnie głowa i nie wiem, czy powodem był skwar, czy wściekłość, że mam tylko kilka centów w kieszeni.
Zdawałem sobie sprawę, że ze względu na wiek, nie mogę się nigdzie zatrudnić, a na wyższe kieszonkowe nie mogę przecież liczyć.
Jak temu zaradzić? –To nie chodzi tylko o dzisiejszy wyjazd z Miłoszem i Radkiem na wystawę samochodów, czy niedzielne party u Weroniki. To chodzi o to, by w każdej sytuacji mieć! – Ot, potrzebuję – mam, kupuję, płacę.
Wiem, że Marcin to ma jakiś układ z ojcem: "sprzątanie garażu – $20, koszenie trawy –$10".
– A może by tak zaproponować moim?
Hmm.. Z ojcem to nie ma co zaczynać. Jestem z góry na przegranej. Zaraz się zacznie: "Po co ci te pieniądze?.. Ja w twoim wieku..., Już ci kieszonkowe nie wystarcza?"
Spróbuję załatwić z mamą. Tylko jak jej to powiedzieć?
Usiadłem i napisałem:
/No cóż – ma się te obowiązki w domu!/
– za wynoszenie śmieci – $5
– wyprowadzanie psa – $10
– noszenie koszul do pralni – $2
– codzienne chodzenie po bułki i mleko – $3
– za sprzątanie swojego pokoju – $5
– za odkurzanie przedpokoju – $2
     RAZEM – $27
No proszę – pomyślałem – to już siedemnaście dolarów więcej niż kieszonkowe!
Kręciłem się niespokojnie, oczekując momentu, by podać kartkę mamie.
W końcu po kolacji, kiedy mama usiadła do sprawdzania lekcji Julii, podałem kartkę.
– Co to? – zapytała.
Spuściłem głowę. Mama przetarła okulary.
Zaległa cisza.
Z niecierpliwością czekałem na jakiś gest. Popatrzyła na mnie z czułością i na odwrocie kartki zaczęła pisać. Stanąłem obok niej i śledziłem jej piękne, wyraziste pismo.
– za to, że przez dziewięć miesięcy nosiłam cię w swym łonie – $0
– za poród i pobyt w szpitalu – $0
– za wszystkie nieprzespane noce – $0
– za wszystkie troski o twoje zdrowie i prawidłowy rozwój – $0
– za lekarstwa, odżywki, witaminy – $0
– za 12 lat przygotowywania śniadań, obiadów i kolacji –$0
– za dzielenie z tobą smutków i osuszanie łez – $0
– za świadczoną opiekę i pomoc – $0
     RAZEM: $0

Podała mi kartkę z uśmiechem i jak zwykle z czułością w oczach.

MATKA NAJDROŻSZĄ ISTOTĄ NA ZIEMI

Już nie czytałem po raz drugi. Nie było słów. Była cisza.
Cisza, która była mądrością... i mój wstyd.

Zastanów się i odpowiedz

1. Jak oceniasz postawę bohatera tego opowiadania?
2. Jak ty postępujesz w stosunku do swojej mamy - jaki jest twój stosunek do obowiązków domowych - czy często stawiasz mamę w sytuacji: "O.K zrobię, ale..."
3. Czy miłości można wystawić rachunek? Wytłumacz słowa:
   "Tam, gdzie między ludźmi, a przede wszystkim w rodzinie wystawia się rachunki lub działa się na zasadzie "coś za coś" – miłości nie ma!"
4. Co ci się udało w życiu zrobić bezinteresownie? Jak czułeś/czułaś się w tym momencie?
5. Umieść w **sercu** najpiękniejsze słowa kojarzące ci się z **Matką**, a obok - z **bezinteresownością**.

Matka
ciepło, uścisk, śniadanie, czysta bielizna, ocieranie łez, troska

bezinteresowność
pomoc koledze w nauce, wyczyszczenie butów tatusiowi,

6. Napisz za co jesteś wdzięczny/wdzięczna mamie, w jaki sposób odwzajemniasz jej miłość i w jaki sposób będziesz o Nią dbać w przyszłości.

Dziękuję Ci za drobiazgi!

M. J. Wilk

Dziękuję Ci za drobiazgi
zwyczajne sprawy,
których się zwykle nie docenia;
Posiłki, setki posiłków, tysiące.
Tyle, że pękłby nawet smok wawelski

Przepraszam za:
Mount Everest filiżanek i szklanek.
Kosz na brudną bieliznę...
jak nienasycony potwór z bajki,
który pożerał skarpetki i podkoszulki.
Podłogi niezmierzone stepy,
na które tuż po ich wyczyszczeniu
nanosiliśmy tyle piachu i błota.

A jeśli od czasu do czasu
pamiętaliśmy o tym,
aby posprzątać zabawki
albo wytarliśmy kilka talerzy,
albo pobiegliśmy do sklepu
po kostkę masła,
jakże byliśmy z siebie dumni.
A jaka Ty byłaś zadowolona!

    Teraz proszę –
        usiądź sobie wygodnie w fotelu.
            Tym razem ja przygotuję herbatę.

KIM JESTEM NA PLANECIE ZIEMI?
KIM MOGĘ BYĆ DLA INNYCH?

Strugane ptaszki

Z anonimowych opowiadań włoskich
oprac. M. Pawlusiewicz

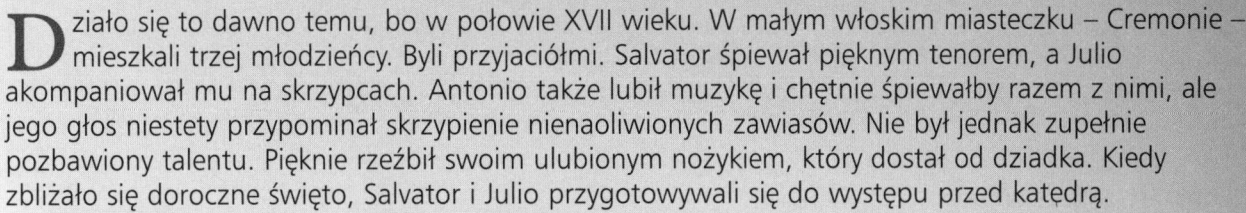

Działo się to dawno temu, bo w połowie XVII wieku. W małym włoskim miasteczku – Cremonie – mieszkali trzej młodzieńcy. Byli przyjaciółmi. Salvator śpiewał pięknym tenorem, a Julio akompaniował mu na skrzypcach. Antonio także lubił muzykę i chętnie śpiewałby razem z nimi, ale jego głos niestety przypominał skrzypienie nienaoliwionych zawiasów. Nie był jednak zupełnie pozbawiony talentu. Pięknie rzeźbił swoim ulubionym nożykiem, który dostał od dziadka. Kiedy zbliżało się doroczne święto, Salvator i Julio przygotowywali się do występu przed katedrą.
- Chcesz iść z nami? – zawołali do Antonia, który dłubał coś w kawałku drewna.
- No pewnie, że chcę! – odparł Antonio. – To świetna zabawa, ale przecież…
- Wiemy, że nie umiesz śpiewać, ale chodź z nami.
Kiedy przyszli na plac i zaczęli grać i śpiewać, ludzie przystawali, słuchali i większość z nich rzucała „oberwańcom" pieniądze. Z tłumu wysunął się starszy mężczyzna, pochwalił chłopców i wcisnął lśniącą monetę w dłoń Salvatora. Kiedy chłopiec ją otworzył - znieruchomiał.
- O rety! Złoto!
Dla pewności przygryzł krążek.
- Jego na to stać – stwierdził Julio. – To sam wielki Amati.
- Amati? Kto to taki? – zapytał Antonio.
- Nigdy nie słyszałeś o Amatim? – Chórem zapytali chłopcy. – No tak, ty umiesz tylko strugać te swoje figurki. Amati to wielki lutnik, pewnie najlepszy we Włoszech albo i na całym świecie.
Antonio wracał tego dnia do domu z ciężkim sercem. Zbyt często wyśmiewano się z jego chrapliwego głosu i upodobania do rzeźbienia. Nazajutrz, wczesnym rankiem wyszedł z domu zabierając ze sobą najładniejsze, wystrugane przez siebie przedmioty: ptaszka, flet, stateczek i kilka figurek. Postanowił odszukać dom wielkiego Amatiego. Nie było to trudne – wszyscy go znali. Kiedy zapukał do drzwi natychmiast otworzył mu uśmiechnięty mistrz.
- Przyniosłem coś panu pokazać – powiedział Antonio, opróżniając kieszenie z wystruganych drobiazgów. – Chciałbym, żeby pan rzucił okiem na to co zrobiłem, i stwierdził czy mam wystarczająco talentu, by wyuczyć się robienia skrzypiec.
- A dlaczego chcesz robić skrzypce? – Dociekał Amati nagle bardzo poważny.
- Bo bardzo kocham muzykę, ale nie mogę śpiewać tym głosem. Słyszał pan wczoraj przed katedrą jak śpiewają moi przyjaciele. Ja chciałbym tylko sprawiać, żeby muzyka ciągle żyła.
Amati nachylił się patrząc chłopcu prosto w oczy i rzekł:
- Masz talent chłopcze, ale najważniejsze to to, co masz w sercu. Jedni grają na skrzypcach, inni śpiewają, jeszcze inni malują piękne obrazy. Ty umiesz strugać w drewnie i to jest twoja dusza, równie szlachetna jak tamte.
Słowa mistrza dodały mu skrzydeł. Niebawem został uczniem wielkiego lutnika. Co dzień wczesnym rankiem szedł do warsztatu, gdzie obserwował, słuchał i uczył się. Po latach robienie skrzypiec z wszystkich siedemdziesięciu części nie miało już dla niego żadnych sekretów. Gdy miał dwadzieścia dwa lata, mistrz pozwolił mu, by podpisał już zrobione przez siebie skrzypce własnym nazwiskiem. Przez resztę życia Antonio Stradivari robił skrzypce, a zrobił ich ponad tysiąc sto sztuk. Starał się, by każde następne były lepsze i piękniejsze. Dzisiaj każdy z posiadaczy skrzypiec „Stradivariusa" jest właścicielem skarbu i arcydzieła sztuki.

A zaczęło się przecież od prostego strugania ptaszków…

tenor – *najwyższy głos męski*
akompaniować – *grać na instrumencie, instrumentach, towarzysząc soliście, śpiewającemu, recytującemu wiersze*
lutnik – *rzemieślnik robiący skrzypce*
Antonio Stradivari – *najlepszy lutnik wszechczasów*

Zastanów się i odpowiedz!

1. Kto jest bohaterem tego opowiadania?
2. Wymień postacie drugoplanowe.
3. Jakie talenty posiadali chłopcy?
4. Dlaczego Antonio miał poczucie niższości?
5. Jaki przypadek spowodował odmianę w życiu Antonio?
6. Kim był Amati (jak nazywa się mistrz robienia skrzypiec)?
7. Jakie były dalsze losy Antonio?
8. Przeczytaj dodatek do lekcji „Szersze spojrzenie na temat" i powiedz - co to jest talent, w czym może się przejawiać i co to jest talent ukryty?
9. Jaki talent odkrywasz w sobie. Czym się interesujesz? Jakie jest twoje hobby i kim chciałbyś zostać w przyszłości? *Podziel się z klasą swoimi marzeniami.*

Pracuj nad rozwojem słownictwa

wyjść na ludzi – zostać kimś znaczącym w życiu, mimo że nic na to wcześniej nie wskazywało;
np: Zbyszek z Heniem naprawdę sprawiali kłopot i w szkole, i w domu, a zobacz jak *„wyszli na ludzi"*

stawić czoła trudnościom – przemóc się, nie załamywać i usilnie pracować nad poprawieniem sytuacji;
np: Marzenka była jedyną spośród rodzeństwa dotkniętego ciężką chorobą, która nie załamała się i stawiła czoła trudnościom. Tak dużo ćwiczyła, że w przeciągu dwóch lat zaczęła chodzić.

mieć olej w głowie – mieć dużo wiadomości, być mądrym;
np: Wacek to *ma olej w głowie*. Wszystkie testy zdaje na sto procent.

mieć głowę na karku – być bystrym i sprytnym;
np: Musiałbym nie *mieć głowy na karku*, żeby podejmować tak beznadziejne decyzje.

gra warta świeczki – działanie, które warto podjąć, bo może przynieść korzyści;
np: Mieć dzisiaj dobry zawód i znać kilka języków to *gra warta świeczki*.

Szersze spojrzenie na temat

■ **Antonio Stradivari** uczeń mistrza Nicolo Amati "przerósł" go swoim talentem, tak jak siedmioletni Frycek (Fryderyk Chopin) przerósł swojego pierwszego nauczyciela. Składanie skrzypiec stało się jego pasją życiową. Z czasem otworzył swój własny sklep, a kiedy jego synowie - Francesco i Amobono - dorośli, tak ich zaraził swoim życiowym zajęciem, że stworzyli rodzinną wytwórnię najlepszych, najlepiej brzmiących i najdroższych skrzypiec na świecie. Obecnie każdy pojedynczy instrument tej wytwórni ma wartość setek tysięcy dolarów.

■ **Talent** to wybitne zdolności w jakiejś dziedzinie (muzyce, malarstwie, rzeźbie, architekturze, ale także w fizyce, matematyce, chemii, itd.) Bywa, że talent ujawnia się już w młodym wieku. Przypomnijcie sobie czytanki z poprzednich klas, z których dowiedzieliście się o dziecięcych zainteresowaniach niektórych wybitnych osób: Frycka – **Fryderyka Chopina**, Mikołajka – **Mikołaja Kopernika**,
Henrysia – **Henryka Wieniawskiego**, Kazia – generała **Kazimierza Pułaskiego**,
Marysi – **Marii Skłodowskiej-Curie** czy Alu – **Alwy Edisona**.
Bywa też i tak, że talent ujawnia się dopiero w późniejszym wieku. Na przykład wybitni naukowcy: **Albert Einstein**, **Isaac Newton**, kiepsko radzili sobie w szkole, a **Walt Disney** został nawet wyrzucony z redakcji gazety za brak pomysłów (a przecież stworzył przepiękny świat animowanych bajek w oparciu o swoją bujną wyobraźnię).

■ **Ze wszystkich tych historyjek płynie nauka, że:**
a) Każde dziecko ma szansę zostać kimś wielkim. Trzeba tylko szukać w sobie tych zdolności i rozwijać je w każdym okresie swojego życia.
b) Każde dziecko jest inne i rozwija się w swoim właściwym dla siebie tempie.

Zakończmy tę lekcję powrotem do pięknego wiersza, jaki dedykowałam Wam na początku podręcznika. Cały rok pracy, ciężkiej pracy, przyniósł efekty. Jesteście dojrzalsi, mądrzejsi, uwierzyliście w siebie. Ale słowa tego wiersza mają Wam zawsze przypominać, że tylko praca i radość z tego co robimy umożliwi nam realizację naszych marzeń.

Jeśli nie możesz być sosną na szczycie pagórka,
Bądź krzakiem w wąwozie – jednak bądź
Najmilszym, miłym krzaczkiem po tej stronie strugi,
Bądź krzaczkiem, skoro nie możesz być drzewem.

Jeśli nie możesz być krzewem, bądź choć skrawkiem trawy,
By milszą uczynić drogę;
Jeśli nie szczupakiem, bądź chociaż okoniem,
Ale najweselszym okoniem w jeziorze (...)

Jeśli nie możesz być drogą, bądź małą ścieżyną,
Jeśli nie słońcem, bądź chociaż gwiazdeczką;
(...) Bądź najlepszym, czym potrafisz być!

UCZMY SIĘ CIERPLIWOŚCI I DROBNYCH

- Każdy etap twojego życia to praca nad sobą.
Jesteś w okresie, kiedy zaczyna się w tobie tworzyć "Człowiek" samodzielnie myślący, oceniający, decydujący. Nie zawsze sobie z tym radzisz. Ale wiedz o tym, że zawsze możesz mieć przyjaciela, który ostrzeże, doradzi, pomoże.

- Wiedz, że szczęście nie polega na tym, by dużo mieć, dobrze zjeść i długo żyć.
Jesteś czymś więcej niż tylko maszyną do nauki, pracy, przetwarzania, a w przyszłości do robienia pieniędzy! Jesteś młodym człowiekiem, który ma się cieszyć życiem. Masz być dobrym!
Dziel się z innymi tym, co posiadasz.

- Obok ciebie jest wielu ludzi biednych, chorych, skrzywdzonych i niejeden spośród nich chciałby mieć twoje zdrowie, talent i radość życia.

- Jeżeli czasem jesteś smutny, przejmujesz się drobiazgami i nie potrafisz odróżnić rzeczy małych od wielkich, zatrzymaj się, przemyśl, a nowy dzień zacznij z uśmiechem!

- Zbliżają się wakacje. Dałeś z siebie wiele. Teraz odpoczywaj, czytaj książki, korzystaj z lata.

- Pamiętaj o tym, czego uczyli cię nauczyciele:
  "Podziwiaj świat, marz i pisz wiersze!"

- Nigdy nie zapomnij o pięknych słowach Jana Pawła II:
  "Nie bój się stawiać sobie wymagań. Wymagaj od siebie, chociaż inni od ciebie tego nie wymagają".

KROCZKÓW "MAŁEGO KSIĘCIA"

Wakacje, już wakacje!

Lekcja z mapą, albumami i widokówkami z Polski.
(Integracja wiadomości z historii i geografii)
Podsumowanie - test strona 150

Jeśli czeka cię w tym roku zaplanowana podróż do Polski:

■ **Odwiedź Kraków** i obejrzyj ołtarz Wita Stwosza w Kościele Mariackim. Zwiedź Wawel, jego komnaty i skarbiec, odwiedź grobowce naszych wieszczów i bohaterów narodowych. Wybierz się na Kopiec Kościuszki. Zatrzymaj się z zadumą nad płytą upamiętniającą przysięgę Kościuszki na Rynku Krakowskim.

■ **Odwiedź Wadowice**, miasto urodzenia naszego papieża Jana Pawła II i przejdź się Jego śladami.

■ **Pojedź z rodziną do Częstochowy**, by dowiedzieć się nieco więcej o tym świętym miejscu, tak ważnym dla Polaków. Zobacz mury obronne, odnowione przez Polonię chicagowską, zwiedź skarbiec, bibliotekę i odszukaj pamiątki po Tadeuszu Kościuszce, a przede wszystkim uklęknij przed obrazem Czarnej Madonny.

■ **Wybierz się do Gniezna**, kolebki państwa polskiego i zwiedź katedrę, w której znajduje się grobowiec św. Wojciecha, patrona Polski.

■ **Nie zapomnij o wycieczce w polskie Tatry.** Staraj się dostrzec ich urok i przypomnij sobie piękne legendy i wiersze o naszych górach.

■ **Gdziekolwiek będziesz w Polsce**, zainteresuj się tym miejscem, jego historią, architekturą, przyrodą: lasami, jeziorami, zwierzętami, uprawami roślin, itd.

149

Test wiedzy i umiejętności językowych

1. **Wpisz właściwą odpowiedź.**

    a) Najważniejszą cechą różniącą nas od innych narodowości jest język ....

    b) Barwami Polski są kolory: ....

    c) Godłem narodowym jest biały .... na........................ tle.

    d) Stolicą Polski jest ....

    e) Jak brzmią pierwsze słowa Mazurka Dąbrowskiego – hymnu Polski?

    ....
    ....
    ....
    ....

2. **Podaj wyrazy o znaczeniu przeciwnym (antonimy).**

    np. sprawiedliwość – niesprawiedliwość   smutek – ....

    zgoda – ....   nieuczciwość – ....

    spokój – ....   wojna – ....

    miłość – ....   niezrozumienie – ....

3. **Do podanych wyrazów dobierz określenia oceniające (dodatnio i ujemnie).**

    np. Zdarzenie – sympatyczne, nieprzyjemne, miłe, tragiczne, zaskakujące

    wspomnienie - ....

    krajobraz - ....

    człowiek - ....

    moi przyjaciele - ....

ucznia po ukończeniu klasy szóstej

4. Daj przykład postępowania głównych bohaterów czytanek klasy VI, o których można powiedzieć:

np. Ciekawie poprowadziła lekcję – nauczycielka Donna

Kochała ludzi i poświęciła się dla nich – ....

Oddał życie w obozie koncentracyjnym za drugiego człowieka – ....

Był bohaterem obu Ameryk – ....

Stworzył największe dzieło Krakowa (ołtarz) – ....

Byli rdzennymi mieszkańcami Ameryk, kochali Ziemię i dbali o nią – ....

Moimi ulubionymi bohaterami czytanek klasy VI byli: ....

....

5. Przeczytaj fragment tekstu. Uzupełnij luki wyrazami podanymi w ramce. Zmień też ich formę.

> ~~przygoda~~   bok   zebra   kierowcy   ulica
> piesi   samochody   przepisy   przejście

Jurek opowiada kolegom o swojej ....*przygodzie*....:

Idę sobie .... i nagle widzę namalowane pasy ulicznej ....

Widzę też, że nie wszyscy zwracają na nie uwagę. To przykre, że przejścia dla

.... nie są respektowane. Stanąłem więc z .... i liczyłem

samochody, które nie przestrzegały .... ruchu. W ciągu dziesięciu

minut naliczyłem pięćdziesiąt ...., które nie zatrzymały się przed

.... dla ....

5. Połącz podane czasowniki z rzeczownikami tworząc określone związki wyrazowe.

odczuwać	zawieść	mieć	mieć	przyznać się do
zaufanie	zmartwienie	gniew	winy	wyrzuty sumienia

7. Korzystając ze słowników napisz znaczenie wyrazów. Z trzema z nich ułóż zdania.

a) konferencja ....

b) mieszkaniec ....

c) ulewa ....

d) wątły ....

e) bryła ....

....

....

....

....

8. Zastosuj w zdaniach następujące wyrażenia:

wakacyjna podróż, ciężki bagaż, ważne wydarzenia, moi koledzy, moi rodzice

....

....

152

....

....

....

....

....

....

9. Zamień cyfry na liczebniki.

Np. 2 rząd – drugi rząd

7 osoba – ....

19 minuta – ....

58 strona – ....

110 stołków – ....

250 par butów – ....

500 schodów – ....

2008 rok – ....

10. Wymyśl opowiadanie (bajkę, baśń), w których zastosujesz następujące związki wyrazowe:

> beztroskie dziecko, wyrządzić krzywdę,
> szczęśliwe dzieciństwo, niespodziewane zdarzenie

Treść opowiadania napisz na osobnej kartce i dopnij do testu.

NADESZŁY WAKACJE ■ NADESZŁY WAKACJE

Przed wyjazdem do Polski pamiętaj!
– w Polsce obowiązuje inny system miar i wag!

W Polsce i Europie odległość mierzy się w **kilometrach (km),** a nie w milach.
Dla orientacji miej tę mapkę oraz tabelkę.

Mile (mi)	Kilometry (km)
0.6	1,00
1	1,61
2	3,22
3	4,83
4	6,44
5	8,05
6	9,66
7	11,27
8	12,88
9	14,48
10	16,09
100	160,93

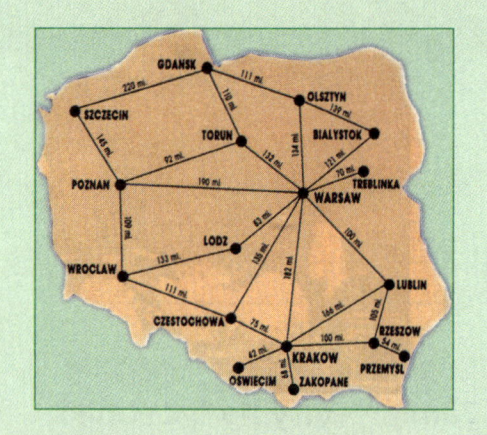

Kupując owoce na targu nie proś o funty,
ale **kilogramy (kg)** lub **dekagramy (dkg)**

Kilogramy (kg)	Funty (lb)
0,45	1,00
0,5	1,10
1	2,21
2	4,41
3	6,61
4	8,82
5	11,02
6	13,23
7	15,43
8	17,64
9	19,84
10	22,05

Temperatury będą podawane w stopniach
Celsjusza (°C), a nie Fahrenheita (°F).

Stopnie Celsjusza (°C)	Stopnie Fahrenheita (°F)
-10	14
-5	23
0	32
5	41
10	50
15	59
20	68
25	77
30	86
35	95
40	104
45	113

Kupując płyny do picia, czy benzynę do samochodu zapłacisz za **litry**, a nie galony.

Litry (l)	Galony (gal)
1	0,22
2	0,44
3	0,66
4	0,88
4.5	1,00
5	1,10
6	1,32
7	1,54
8	1,76
9	1,98
10	2,20
100	22,00

Jeżeli poznasz te przeliczniki, będziesz mógł czuć się w Europie znacznie swobodniej.
SZCZĘŚLIWYCH WAKACJI! – życzy Autorka

TELEFONY

Telefony alarmowe

Pogotowie Ratunkowe – **999**
Policja – **997**
Straż Pożarna – **998**
Pogotowie gazowe MOZG – 992
Pogotowie energetyczne – 991
Pogotowie instalacji domowych wodno-kanalizacyjnych – (022) 839-03-88
Pogotowie ciepłownicze – 993
Pogotowie wodno-kanalizacyjne i wodociągowe – 994
Pogotowie weterynaryjne – (022) 622-55-22
Pogotowie drogowe – 96 33
Straż Miejska – 986
Żandarmeria Wojskowa – (022) 628-03-76
Policja infolinia – 0 800 120 148

Informacja o AIDS – 958
Informacja LOT (przyloty i odloty krajowe) – (022) 650-17-50
Informacja LOT (przyloty i odloty międzynarodowe) – (022) 6520-39-43
Informacja o wypadkach – 970
Informacja medyczna prywatnej służby zdrowia – (022) 827-89-62
Informacja medyczna – 94-39
Informacja PPKS – 94-33
Informacja PKP (komunik. krajowa) – 94-36
Interwencyjne biuro napraw telefonów – 914
Biuro rzeczy znalezionych – (022) 619-56-68
Biuro zleceń (całą dobę) – 917
Biuro informacji miejscowej (całą dobę) – 911

Biuro numerów zamiejscowych (całą dobę) – 912
Biuro numerów miejscowych (całą dobę) – 913
Informacja o Internecie – 0-800-102-102
Telefoniczna Agencja Informacyjna (pro., handel, usługi) – 94-77
Nadawanie telegramów – 905
Informacje i reklamacje centrali międzynarodowych – 908
Reklamacja rozmów międzymiastowych – 909
Zamawianie rozmów międzynarodowych – 901
Zamawianie rozmów międzymiastowych – 900
Informacja Urzędu Celnego – (022) 694-31-94
Informacja PKP (komunikacja międzynarodowa) – (022) 620-45-12

Telefoniczne połączenia międzymiastowe (wybrane)

Miasto	Numer	Miasto	Numer	Miasto	Numer
Augustów	– 0-87	Kraków	– 0-12	Radom	– 0-48
Biała Podlaska	– 0-83	Krosno	– 0-13	Rzeszów	– 0-17
Białystok	– 0-85	Krynica	– 0-18	Sandomierz	– 0-15
Bielsko Biała	– 0-33	Kutno	– 0-24	Siedle	– 0-25
Busko Zdrój	– 0-41	Kwidzyn	– 0-55	Sieradz	– 0-43
Bydgoszcz	– 0-52	Legnica	– 0-76	Skierniewice	– 0-46
Chełm	– 0-82	Lesko	– 0-13	Słups	– 0-59
Ciechanów	– 0-23	Leszno	– 0-65	Sochaczew	– 0-46
Ciechocinek	– 0-54	Lidzbark Warmiński	– 0-89	Stalowa Wola	– 0-15
Cieszyn	– 0-33	Lubin	– 0-76	Stargard Szczeciński	– 0-91
Częstochowa	– 0-34	Lublin	– 0-81	Suwałki	– 0-87
Elbląg	– 0-55	Łoża	– 0-86	Szczawnica	– 0-18
Ełk	– 0-87	Łowicz	– 0-46	Szczecin	– 0-91
Garwplin	– 0-25	Łódź	– 0-42	Szczecinek	– 0-94
Gdańsk	– 0-58	Malbork	– 0-55	Szczytno	– 0-89
Giżycko	– 0-87	Mława	– 0-23	Świnoujście	– 0-91
Gliwice	– 0-32	Mrągowo	– 0-89	Tarnobrzeg	– 0-15
Gorzów Wlkp.	– 0-95	Nowy Sącz	– 0-18	Tarnów	– 0-14
Grójec	– 0-48	Nowy Targ	– 0-18	Tczew	– 0-58
Hajnówka	– 0-85	Olsztyn	– 0-89	Toruń	– 0-56
Iława	– 0-89	Opole	– 0-77	Ustka	– 0-59
Inowrocław	– 0-52	Ostrołęka	– 0-29	Wałbrzych	– 0-74
Jelenia Góra	– 0-75	Ostrowiec Świętokrzyski	– 0-41	Warszawa	– 0-22
Kalisz	– 0-62	Ostróda	– 0-89	Węgorzewo	– 0-87
Kamień Pom	– 0-91	Piła	– 0-67	Węgrów	– 0-25
Katowice	– 0-32	Piotrków Trybunalski	– 0-44	Wieliczka	– 0-12
Kazimierz Dolny	– 0-81	Pisz	– 0-87	Włocławek	– 0-54
Kętrzyn	– 0-89	Płock	– 0-24	Wrocław	– 0-71
Kielce	– 0-41	Poznań	– 0-61	Zakopane	– 0-18
Kołobrzeg	– 0-94	Przemyśl	– 0-16	Zamość	– 0-84
Konin	– 0-63	Puławy	– 0-81	Zielona Góra	– 0-68
Koszalin	– 0-94	Pułtusk	– 0-23		

Telefoniczne połączenia międzynarodowe (wybrane)

Kraj	Numer	Kraj	Numer	Kraj	Numer
Austria (Wiedeń)	0-043 1	Hiszpania (Madryt)	0-034 91	Portugalia (Lizbona)	0-0351 21
Belgia (Bruksela)	0-032 2	Holandia (Amsterdam)	0-031 20	Rosja (Moskwa)	0-07 095
Białoruś (Mińsk)	0-0375 17 2	Izrael (Tel Awiw)	0-0972 3	Słowacja (Bratysława)	0-0421 7
Bułgaria (Sofia)	0-0359 2	Jugosławia (Belgrad)	0-0381 11	Stany Zjednoczone (Waszyngton)	0-01 202
Czechy (Praga)	0-0420 2	Kanada (Ottawa)	0-01 613	Szwajcaria (Berno)	0-041 31
Dania (Kopenhaga)	0-045	Litwa (Wilno)	0-0370 2	Szwecja (Sztokholm)	0-046 8
Estonia (Tallin)	0-0372 2	Łotwa (Ryga)	0-0371 2	Ukraina (Kijów)	0-0380 44
Finlandia (Helsinki)	0-0358 9	Monako (Monaco)	0-0377	Watykan	0-039 06
Francja (Paryż)	0-033 1	Niemcy (Berlin)	0-049 30	Węgry (Budapeszt)	0-036 1
Grecja (Ateny)	0-030 1	Norwegia (Oslo)	0-047 2	Wielka Brytania (Londyn)	0-044 181
				Włochy (Rzym)	0-039 06

SPIS TREŚCI

Rozdział I – *Skarby polskiej mowy*

1)
Jeśli nie możesz – *D. Malloch* 4
Przepis na udany rok 4
Weszliśmy w trzecie tysiąclecie – *M. Pawlusiewicz* 5
2)
Niezapomniana lekcja – *Ch. Moorman, opr. M. Pawlusiewicz* 7
3)
Latarnik – *H. Sienkiewicz, opr. M. Pawlusiewicz* 10
Spotkanie z panem Skawińskim w XXI wieku – *E. Osysko* 11
Wiersz z okazji rocznicy Szkoły im. H. Sienkiewicza – *F. Konarski* 13
4)
(...) I tak zostałem emigrantem – *M. Pawlusiewicz* 15

Rozdział II – *Wasi rówieśnicy dawniej i dziś*

1)
Wspomnienia z dzieciństwa – *Z. Nałkowska, opr. M. Pawlusiewicz* 18
Daj się namówić – *M. Pawlusiewicz* 20
2)
Lekcja podwórkowego życia – *M. Dąbrowska, opr. M. Pawlusiewicz* 22
Lekcja polskiego – *M. Musierowicz, opr. M. Pawlusiewicz* 24
Przepaść – *T. Różewicz* 27
3)
Tak bardzo pragnąłem – *fragm. "Janko Muzykant" H. Sienkiewicz, opr. M. Pawlusiewicz* .. 28
Nie rozumieją, że ja chcę – *M. Pawlusiewicz* 30
4)
Chłopiec z pociągu – *M. Brandys, opr. M. Pawlusiewicz* 32
Młodzi dzisiaj – jacy są? – *K. Wojtyła* 33
Pierwsza randka – *H. Ożogowska, opr. M. Pawlusiewicz* 34

Rozdział III – *W rytmie serc*

1) Pamiętajmy o tych, którzy odeszli
Zaduszki – *J. Kulmowa* 38
Przypowieść o długich łyżkach – *M. Musierowicz, opr. M. Pawlusiewicz* 39
2) Uczmy się solidarności
Mała bohaterka – *opr. M. Pawlusiewicz* 42
3) Uczmy się miłości
Drzewo miłości – *Cz. Rodziewicz, opr. M. Pawlusiewicz* 45
4) Uczmy się ofiary
Matka Teresa z Kalkuty – *D. T. Lebioda* 48
Ania prosi o wywiad – *przedruk* 50
5)
O pamiętnym dniu w Oświęcimiu – *E. Sułkowska Berezin* 52
Jego ostatnia droga – *M. Kaczkowska* 53
6) Uczmy się współczucia
Przyjaźń jest piękna – *opr. M. Pawlusiewicz* 52

156

Rozdział IV – *Polskie tradycje świąteczne*

1)
Wigilia u Boryny – *fragm. "Chłopi" W. S. Reymont* 58
Wigilia nad wodospadami Iguacu – *opr. M. Pawlusiewicz* 59
2)
Wigilia w ziemiańskim dworze – *M. Wańkowicz* 64
Wigilia J. Słowackiego w Paryżu (Listy do matki) – *opr. M. Pawlusiewicz* 65
3)
Święcone u Borynów – *fragm. "Chłopi" W. S. Reymont, opr. M. Pawlusiewicz* 68
Wielkanoc w pałacu księcia Sapiehy – *fragm. M. Lemnis, H. Vitry* 69

Rozdział V – *Rok polski. Uczymy się charakteryzować.*

1)
Zima – *Z. Kossak-Szczucka, opr. M. Pawlusiewicz* 75
Człowiek Zima – *opr. M. Pawlusiewicz* 76
2)
Wiosna – *Z. Kossak-Szczucka, opr. M. Pawlusiewicz* 80
Człowiek Wiosna – *opr. M. Pawlusiewicz* 81
3)
Praktyczna lekcja charakterystyki (Ania z Zielonego Wzgórza) – *L. Moud Montgomery
opr. M. Pawlusiewicz* 84

Rozdział VI – *I ty możesz zostać poetą*

1)
Czy chciałbyś być poetą? – *M. Pawlusiewicz* 86
Poeta jest twoim bratem – *J. S. Pasierb* 87
Wiersz – *A. Zawadzka* 88
Poezja – *K. Pogórny* 88
Oczyszczenie – *T. Różewicz* 88

2) Poezja kwiatów
Po co żyjemy – *B. Ostrowska* 91
Kwiaty – *O. Kowalska* 92
Pan Tadeusz – *fragm. A. Mickiewicz* 93
Przywieźcie mi z ojczyzny – *H. Zamora* 94
Wspomnienia – *Cz. Paszkowski* 95
Wiśniowe kwiecie – *J. Kotlański* 95
3)
Poezja śpiewana - Polskie kwiaty (Lekcja z płytą CD) 96
Czy polubiłem poezję (ankieta) 98

Rozdział VII – *Z historycznej półki*

1)
Ołtarz Wita Stwosza – *A. Domańska, opr. M. Pawlusiewicz* 100
2) Ameryka Północna
Tadeusz Kościuszko. Rój Pszczół Wśród Wzgórz – *fragm. B. Wachowicz* 105
3) Ameryka Południowa
Wśród czerwonoskórych braci (Ignacy Domeyko) – *Z. Przyrowski, opr. M. Pawlusiewicz* 109
3) Śladami Polaków w Wielkiej Brytanii
Kim ja właściwie jestem? – *fragm. Marcin Kozera - Maria Dąbrowska* 113
5) Śladami Polaków w Australii
Tomek Wilmowski w Australii – *frag. Tomek w krainie kangurów - A. Szklarski* 116
5) Religia i polskość
Polska katolicka – *opr. M. Pawlusiewicz* 120
Rota – *fragm. M. Konopnicka* 124
6)
Ta śmierć wstrząsnęła światem – *M. Pawlusiewicz* 126

Rozdział VIII – *Człowiek i Ziemia*

1) Jak sobie ludzie wyobrażali początek świata?
Mity i legendy o stworzeniu świata i człowieka – *opr. M. Pawlusiewicz* 129
Stworzenie świata (Biblia) – *K. Mc Leish, opr. M. Pawlusiewicz* 130
2) Odpowiedzialność za świat
Przemowa wodza Indian – *tł. studenci germ. Lublin* 133
3) Felieton o pszczołach (lekcja z płytą CD)
4) Niespokojna Ziemia
Przypowieść o kropli miodu – czyli jak łatwo rozpętać wojnę – *B. Ferrero* 137
Pies w lustrze – *B. Ferrero* 138
5) Matka najdroższą istotą na ziemi
Ta cisza była mądrością (zasłyszane) – *M. Pawlusiewicz* 142
Dziękuję Ci za drobiazgi – *tł. M. J. Wilk* 144
6) Kim jestem na planecie ziemi
Strugane ptaszki – *opr. M. Pawlusiewicz* 145
7) Wakacje, wakacje..
Wakacyjne porady – *M. Pawlusiewicz* 149
Test kompetencji językowej ucznia 150
Wakacyjne porady (system miar i wag, telefony i połączenia miedzynarodowe 154

Nauczyciel może zechcieć dowiedzieć się, co sądzisz o dzisiejszej lekcji.
Robiąc kopię tej ankiety, poprosi cię o ocenę twojego zaangażowania się w tok lekcji.
Podsumowanie to zrób w sposób odpowiedzialny i sprawiedliwy.

1. Moja grupa pracowała dzisiaj: (**dorysuj minę** ≍)

2. Dzisiejsza lekcja podobała mi się: (**podkreśl**)
   a. bardzo   b. trochę   c. wcale

3. Co w lekcji podobało ci się najbardziej, a co w niej zmieniłbyś/zmieniłabyś?

_____

_____

_____

4. Zaznacz kolorem, jak oceniasz swoje zaangażowanie w pracę całej grupy.   (**skala od 1 do 10**)

1	2	3	4	5	6	7	8	9	10

5. Jakie nowe słownictwo poznałeś/poznałaś na dzisiejszej lekcji?

_____

_____

_____

6. Wyobraź sobie, że to ty byłaś/byłeś nauczycielem prowadzącym lekcję;

   a) jak brzmiałby temat lekcji?

   _____

   b) w jaki sposób starałbyś/starałabyś się utrzymać dyscyplinę wśród uczniów?

   _____

   _____

   c) jaki byłby temat zadania domowego?

   _____

NOTATKI